COZINHA SEM FOGÃO

GASTRONOMIA VEGETARIANA E CRUA

Inês Braconnot

COZINHA SEM FOGÃO

GASTRONOMIA VEGETARIANA E CRUA

Editora Senac São Paulo – São Paulo – 2017

Administração Regional do Senac no Estado de São Paulo

Presidente do Conselho Regional
Abram Szajman

Diretor do Departamento Regional
Luiz Francisco de A. Salgado

Superintendente Universitário e de Desenvolvimento
Luiz Carlos Dourado

Editora Senac São Paulo

Conselho Editorial
Luiz Francisco de A. Salgado
Luiz Carlos Dourado
Darcio Sayad Maia
Lucila Mara Sbrana Sciotti
Luís Américo Tousi Botelho

Gerente/Publisher
Luís Américo Tousi Botelho

Coordenação Editorial/Prospecção
Dolores Crisci Manzano
Ricardo Diana

Administrativo
grupoedsadministrativo@sp.senac.br

Comercial
comercial@editorasenacsp.com.br

Produção editorial: Wanessa Nemer e Simone Teles
Revisão técnica: Luana Budel
Projeto gráfico, capa e ilustrações: Mayumi Okuyama
Fotos: Rodrigo Azevedo
Revisão técnica: Luana Budel
Copidesque: Kiel Pimenta
Revisão: Tereza Rocha e Selma Monteiro
Impressão e Acabamento: Gráfica CS

Proibida a reprodução sem autorização expressa.
Todos os direitos reservados à:
Editora Senac São Paulo
Rua 24 de Maio, 208 – 3º andar
Centro – CEP 01041-000
Caixa Postal 1120 – CEP 01032-970 – São Paulo – SP
Tel. (11) 2187-4450 – Fax (11) 2187-4486
E-mail: editora@sp.senac.br
Home page: https://www.editorasenacsp.com.br

© Editora Senac São Paulo, 2017

Dados Internacionais de Catalogação na Publicação (CIP)
(Jeane Passos de Souza - CRB 8ª/6189)

Braconnot, Inês
    Cozinha sem fogão: gastronomia vegetariana e crua / Inês Braconnot – São Paulo : Editora Senac São Paulo, 2017.

    Bibliografia.
    ISBN 978-85-396-1294-9

    1. Gastronomia 2. Culinária vegetariana 3. Alimentação saudável: Alimentos (receitas e preparo) I. Título.

17-571s   CDD – 641.5636
                     BISAC CKB086000

Índice para catálogo sistemático:
1. Gastronomia : Culinária vegetariana   641.5636

NOTA DOS EDITORES

Apesar de a culinária vegetariana e crua ser uma novidade na gastronomia contemporânea, o hábito de comer comida crua não tem nada de novo. Nossos antepassados viveram muitos períodos da história como vegetarianos e crudívoros e, se analisarmos bem, quase toda culinária tem seu momento fresco, com suas saladas, sucos, carpaccios, sushis, sashimis e ceviches.

A gastronomia vegetariana e crua, baseada em sementes germinadas, alimentos fermentados, desidratados, liquefeitos e amornados, não é um universo menor se comparado à gastronomia tradicional. Muitos pensam que, se aderissem a essa forma de alimentação, passariam fome e perderiam o prazer à mesa. Mas a artista plástica e *food designer* Inês Braconnot nos mostra a riqueza desse tipo de culinária que, além de ser criativa, saborosa e saudável, não deixa ninguém faminto.

Para ampliar as informações sobre o tema, a autora apresenta um pouco da história da culinária viva, seus principais processos, dicas de cardápios e combinações possíveis, e ainda compartilha 88 receitas, resultado de mais de 15 anos de experimentações.

Com esta publicação, o Senac São Paulo espera contribuir para o aperfeiçoamento dos profissionais da área de gastronomia e dar subsídios para despertar a criatividade das pessoas que gostam de cozinhar ou procuram uma alimentação saudável.

SUMÁRIO

8   APRESENTAÇÃO

14 GASTRONOMIA
    VEGETARIANA E CRUA

    ALIMENTAÇÃO VEGETARIANA
    E CRUA NO BRASIL 18

20 EQUIPAMENTOS
   E UTENSÍLIOS

26 PROCESSOS PARA A TRANSFORMAÇÃO DOS ALIMENTOS

    GERMINADOS 28
    Como germinar sementes? 30
    Brotos 33
    Grama 35

    FERMENTADOS 37

    DESIDRATADOS 41

    AQUECIDOS 42

    LIQUEFEITOS 43

44 AS RECEITAS

    AQUECIDOS 46

    DESIDRATADOS 54

    FERMENTADOS 66

    LIQUEFEITOS 78
    Molhos 79
    Pastas 82
    Sopas 90
    Sucos 102

    PROCESSOS MISTOS 112

    DOCES 136

160 COMBINAÇÕES E DICAS PARA CARDÁPIOS

166 LISTA DE RECEITAS

170 AGRADECIMENTOS

172 REFERÊNCIAS

Apresentação

Não nasci vegetariana. Cresci numa família que sentia um enorme prazer de estar à mesa e que tinha por hábito passar longos períodos em torno dela. Minha mãe encontrava uma fonte inesgotável de alegrias quando criava seus menus deliciosos e variados com base no que herdou dos caderninhos de receitas de sua mãe, de suas tias e de sua avó. Quando morou nos Estados Unidos, lá pelos anos 1950, conheceu regras mais saudáveis que passaram a nortear a construção de suas receitas e cardápios.

Comíamos de tudo, ela fazia questão. Tínhamos que experimentar o que aparecesse, não importava se éramos ou não atraídos por aquele alimento.

Quando me casei, segui seu modelo: repeti por muitos anos as tradicionais receitas da família e criei novas para meus filhos. Mas eu não tinha uma saúde confortável: com dificuldade para fazer a digestão, precisei, com muita frequência, tomar antiácidos.

Em 2001, quando conheci a alimentação vegetariana e crua, foi amor à primeira vista. Apaixonei-me e em dois meses me tornei uma crudívora de carteirinha.

Não precisei mais de remédios, emagreci 32 quilos e passei a conhecer melhor os alimentos vegetais e crus. Emagreci sem perder vitalidade, energia e alegria. Minha alimentação era radical, e eu, considerada irresponsável. Estava quebrando as regras, mas me sentia muito bem comigo, com o mundo e com as pessoas à minha volta.

Foi um longo caminho para aprender a preparar meus alimentos. Os inúmeros livros que tinha à disposição não me ajudavam. Os capítulos dedicados a receitas de salada eram sempre uma variação em cima de um mesmo tema. Para piorar, nos restaurantes, alguns legumes, sempre os mesmos, formavam mandalas cansativas que, por mais que se esforçassem, não conseguiam me seduzir. No Brasil, do Oiapoque ao Chuí, quando se pede uma salada de vegetais crus, aparece logo uma alface com tomate e cebola. E, se você pedir uma salada mista, bem mais cara, vêm os mesmos ingredientes, acompanhados de palmito de lata, milho de lata e ervilha de lata.

À medida que fui percebendo os reais benefícios que essa alimentação trazia para meu corpo, também descobri que havia uma parte de mim que desejava aqueles alimentos que minha mãe tinha aprendido com minha avó, que, por sua vez, aprendera com a mãe dela, e assim sucessivamente.

Foram esses desejos que me fizeram entender o que hoje chamo de memória afetiva ligada à alimentação. Cada cultura tem suas tradições gastronômicas, e crescemos inseridos em uma. Seja qual for, os alimentos que nos apresentaram desde a mais tenra idade serão sempre os nossos preferidos. Nossa história está ligada a eles.

Dessa forma, minha memória afetiva ligada à alimentação foi aparecendo. Em algum momento, passei a querer um croquete; em outro, uma empadinha ou uma *banana split*. Mas, da maneira como eram tradicionalmente feitos, não me atraíam. Tudo com farinha branca, gordura animal ou hidrogenada, açúcar refinado, ovos, leite, enfim, um sem-número de ingredientes que não queria mais em minha vida.

Como fazer um croquete se não como carne, não faço fritura, não uso farinha de pão e muito menos ovos? Difícil, bem difícil. Vou citar um ditado popular que adoro: "não tem que ser fácil, tem que ser possível". Se você é capaz de imaginar e visualizar, é possível.

Nossas escolas de gastronomia têm seus cursos fundamentados nos processos de cocção. Se você não vai usar o fogo para transformar seus alimentos, um novo caminho tem que aparecer. Da mesma forma, se não quer mais comer animais, um novo caminho também aparecerá e você vai se sentir tão satisfeito como se sentia antes. Tudo o que é preciso é abrir a percepção para novos horizontes, ser curioso, não ter medo de experimentar e, principalmente, acreditar que é possível construir uma ponte entre seu desejo e a materialização dele.

Um dia percebi que a gastronomia completamente vegetariana e crua possuía infinitas possibilidades de criação. Em outro, que esse modo de se alimentar fazia bem não só para meu corpo mas também para a saúde do planeta. Depois, percebi que, ao me dedicar a criar esses caminhos, poderia ajudar as pessoas a construir novas formas de tornar seus cardápios mais saudáveis em seu cotidiano.

A partir dessas constatações, deletei tudo o que tinha aprendido até então no que se refere à alimentação. Apaguei as opções de carne animal e de produtos industrializados cheios de corantes, conservantes, espessantes e todos aqueles numerozinhos e letrinhas que não sei o que são. Se não sei o que são, não são alimentos, são produtos sintéticos feitos em laboratório para dar cheiro de comida, textura de comida, sabor de comida, cor de comida, mas... não são comida.

Então mergulhei na busca dessa visão, livre do peso das tradições, e parti para um vale-tudo. Adoro dizer que sou uma artista doméstica. Que sei quase tudo sobre as artes do lar. Sou mãe, cozinheira, doceira, boleira, costureira, pintora, escultora, paisagista, joalheira, bordadeira, ceramista e ativa em várias outras artes que levaria horas para enumerar.

Com essas ferramentas e algumas técnicas que aprendi para processar os alimentos crus, passei a criar biscoitos crocantes, macarrão, farofas, sopas, cremes, leites de sementes, queijos, tudo o que minha memória afetiva pudesse desejar. E entendi que nada acaba por aqui, que podemos ir além e criar o que ainda não conhecemos, e que isso só depende de nossa coragem para atravessar portas para um novo mundo.

A natureza provê com fartura o material de que precisamos para criar novos produtos que não comprometam nossa saúde, nem a de nossos filhos e netos, nem a do planeta. Para tanto, só precisamos unir nossa infinita capacidade criativa com a ciência moderna e as novas tecnologias para nos livrarmos do que nos faz mal.

Este livro não tem a intenção de convencer ninguém a se tornar adepto da alimentação vegetariana e crua. Ele se propõe a ampliar as possibilidades de uso dos alimentos naturais para que cada um, em sua dieta individual, possa caminhar para uma alimentação cada vez mais saudável.

Os vegetais crus são lindos, saborosos, aromáticos, sensuais e têm o poder de me inserir num mundo rico e inspirador, que me leva a um delicioso estado de amor com a vida. Desse estado nasce o desejo de cuidar, de dar ao outro a chance de experimentar a magia dessa alimentação.

Gastronomia Vegetariana e Crua

Um pouco de história

Ser vegetariano é alimentar-se apenas de vegetais. Alguns acreditam que o termo "vegetariano" tem sua origem na palavra latina *vegetus*, que significa *vivo*. Outros, que tem sua origem na palavra inglesa *vegetable*, que significa vegetal.

Ser ou não ser vegetariano, eis uma pergunta que os povos orientais se fazem há muitos séculos. Os egípcios, em épocas bem remotas, já acreditavam que um corpo alimentado só com vegetais tinha mais facilidade para reencarnar. Na Índia, até hoje uma grande parte da população não come carne por questões religiosas e filosóficas. Na China e no Japão, por imposição do budismo, a caça e a pesca eram proibidas.

As civilizações romana e grega sempre deram mais importância aos produtos da terra do que à carne, que não consideravam um alimento essencial. Nos primórdios do cristianismo, acreditavam que o vegetarianismo era a forma perfeita de purificar o corpo. Mas com a expansão do Império Romano e o aparecimento da crença em que havia uma supremacia humana sobre os outros animais, os vegetarianos praticamente desapareceram.

Na Idade Média, novamente os religiosos voltaram sua atenção para a qualidade da alimentação e muitos eliminaram por completo o consumo de carne, mas mantiveram o de peixe, já que seu mestre o havia oferecido a seus discípulos.

Durante o Renascimento, havia uma contenda entre grandes pensadores. Uns, como Leonardo da Vinci, defendiam o vegetarianismo e visavam proteger os animais; outros, como Descartes, afirmavam que o homem não tinha nenhum tipo de dever moral com os animais. Mesmo assim, o consumo de carne era reservado aos ricos, principalmente em comemorações festivas ou cerimoniais. Para o povo, no cotidiano, a base da alimentação eram frutos, cereais, raízes, nozes, verduras, legumes e ervas.

No início do século XIX, apareceram grupos cada vez maiores de pessoas que procuravam o vegetarianismo e defendiam essa "forma natural de viver". Algumas sociedades foram criadas, como a Vegetarian Society, na Inglaterra (Londres), e a American Vegetarian Society, nos Estados Unidos, para que mais e mais pessoas pudessem encontrar informações e facilidades para aderir a esses novos hábitos alimentares.

Uma das primeiras referências que temos de uma pesquisa científica nessa área apareceu com Maximilian Bircher-Benner, médico suíço nascido em 1867, que descobriu que podia curar doenças a partir da ingestão de alimentos crus. Em 1904, ele abriu um hospital chamado Força Vital, termo-chave do movimento de reforma do estilo de vida alemão que afirma que as pessoas devem construir o padrão de suas vidas seguindo a lógica determinada pela natureza. Já naquela época, os novos ensinamentos de valor nutricional de Bircher-Benner contrastavam com as noções alimentares habituais, segundo as quais o valor dos alimentos era medido por seu teor de proteínas e calorias. De acordo com suas ideias, os alimentos deveriam deixar de ser apenas um meio de saciar a fome; o mais importante é que mantivessem o organismo saudável. As refeições deveriam conter pouca ou nenhuma carne, batata, pão escuro, leite e produtos lácteos (BIRCHER-BENNER, 1967 apud BIRCHER, 1976).

No século XX, Edmond Bordeaux Szekely (1900–1979), fundador da Sociedade Biogênica Internacional, também estudou e experimentou os alimentos crus na cura de várias doenças. Denominou-os, de acordo com suas qualidades para a manutenção e a geração de vida, alimentos *biogênicos* (geradores de vida: grãos, sementes, leguminosas e hortaliças) e *bioativos* (mantenedores de vida: ervas medicinais, nozes, frutas cruas e frescas). Os outros alimentos foram subdivididos em *bioestáticos* (redutores de vida: alimentos cozidos, refrigerados e congelados) e *biocídicos* (destruidores de vida: alimentos produzidos com a utilização de hormônios, inseticidas, agrotóxicos, corantes, acidulantes e conservantes).

Ainda no século XX, o mundo viveu duas grandes guerras e uma completa transformação no modo de vida das pessoas. A Revolução Industrial, que se consolidou no século anterior, e as guerras que a seguiram foram responsáveis por muitas mudanças na vida cotidiana. Um dos segmentos que mais se modificou foi o da alimentação.

Surgiram muitas tecnologias para produzir alimentos que pudessem ficar conservados e estocados por bastante tempo ou ser transportados a longas distâncias. As indústrias tiveram de atender às demandas de um mundo moderno que não tinha mais tempo para cuidar de sua própria alimentação. O alimento precisava dar lucro, ser mais barato, mais fácil de fazer e poder ser consumido a longo prazo. O medo da contaminação fez surgir a pasteurização, e o resultado de tudo isso foi o distanciamento cada vez maior do alimento de sua forma natural.

Por volta dos anos 1960, apareceram muitos movimentos populares que se dispunham a repensar os valores que norteavam essa nova cultura. Surgiram diversas dietas "naturebas" criadas por pessoas que buscavam uma alimentação mais saudável e natural.

A consciência sobre a falta de frescor e o excesso de aditivos químicos nos produtos ofertados nos mercados abriu as portas novamente para o vegetarianismo. Mas foi além. Não bastava ser um alimento do reino vegetal, tinha de ser fresco e cheio de "força vital". Também nessa época surgiram os "veganos", que, além de serem

NOS ANOS 1960 APARECERAM MUITOS MOVIMENTOS POPULARES QUE SE DISPUNHAM A REPENSAR OS VALORES QUE NORTEAVAM ESSA NOVA CULTURA. SURGIRAM AS DIETAS "NATUREBAS" CRIADAS POR PESSOAS QUE BUSCAVAM ALIMENTOS MAIS SAUDÁVEIS E NATURAIS.

CRUDÍVOROS, VEGANOS, VEGETARIANOS CRUDÍVOROS

Os adeptos da alimentação vegetariana e crua, mais conhecidos como crudívoros, acreditam que os alimentos não processados são ideais para o consumo do ser humano e a base de um novo estilo de vida.

O crudivorismo é uma corrente que vem crescendo nos últimos anos, juntamente com o interesse por dietas que prometem saúde, longevidade e qualidade de vida. Segundo a pesquisa Brasil Food Trends 2020, sobre tendências da alimentação, foi significativo o número de consumidores que priorizou os alimentos que trazem benefícios para a saúde, os alimentos com selo de qualidade, a informação sobre a origem dos alimentos e o conhecimento de fabricantes que protegem o meio ambiente ou desenvolvem projetos sociais (BRASIL..., 2010).

exclusivamente vegetarianos, não compactuavam com nenhum procedimento que gerasse sofrimento para os animais, seja por meio da alimentação, do uso de couro no vestuário, de práticas de entretenimento ou qualquer outro meio que envolvesse a exploração dos animais.

Ainda por essa época, surgiram os crudívoros, adeptos da alimentação vegetariana e crua. Em 1968, Ann Wigmore, considerada por muitos a "mãe da alimentação crua", estudou a fundo as propriedades curativas da clorofila encontrada no sumo da grama de trigo e fundou com Viktoras Kulvinskas o Hippocrates Health Institute, onde criou e desenvolveu o conceito de desintoxicação por meio de alimentos vegetais crus para fortalecer a saúde do corpo, da mente e do espírito.

ALIMENTAÇÃO VEGETARIANA E CRUA NO BRASIL

No Brasil, a alimentação vegetariana e crua apresenta-se com diversas denominações: alimentação crudívora, viva, consciente, energética, inteligente, entre outras. Todas designam a prática de consumir alimentos vegetais crus que só podem ser transformados pelo fogo à temperatura máxima de 42 °C. Essa condição, que visa à preservação das propriedades naturais do alimento, é fundamental para que possamos consumir um produto íntegro, fresco e com mais "força vital" para nutrir nosso corpo.

Rawfoodism ou *rawism*, como é internacionalmente chamada essa maneira de se alimentar, é uma corrente que vem crescendo nos últimos anos junto com o interesse por dietas que prometem saúde, longevidade e qualidade de vida.

Hoje, no início do século XXI, vivemos num mundo em que a maioria das pessoas não consegue produzir sua própria alimentação. As grandes indústrias estão atentas e acompanham o mercado que está emergindo. Muitos querem melhorar a qualidade da alimentação e procuram produtos com menos elementos químicos, que sejam menos nocivos à saúde de modo geral. Os produtos *raw*, com selo de orgânicos, vêm tomando as prateleiras das lojas e supermercados. Restaurantes especializados e até *deliveries* apresentam cardápios sofisticados que prometem alimentos de qualidade com selo de orgânicos. Na internet, inúmeros sites dedicam-se ao segmento, oferecendo receitas, consultorias e promovendo a saúde por meio do consumo de alimentos frescos, crus ou processados até 42 °C para não perder suas propriedades naturais.

Atualmente, a gastronomia, que é a arte de extrair dos alimentos o máximo de informações por meio dos sentidos, volta seu olhar para essa forma de se alimentar. E muitas perguntas ficam no ar. Como criar pratos requintados, com cores, aromas, texturas e sabores tão elaborados quanto os da gastronomia tradicional? Como atender à nossa memória afetiva ligada à alimentação tradicional? Nunca mais vamos comer uma empadinha, um croquete, nem um biscoito bem crocante?

Para responder a essas e outras perguntas, *chefs* de várias nacionalidades pesquisam novos caminhos para resolver essas questões enquanto criam pratos coloridos, cheirosos e deliciosos sem nenhum produto animal, tudo cru, orgânico e saudável, dando origem à gastronomia vegetariana e crua, cozinha sem fogão, sem alimentos do reino animal e sem produtos refinados ou elaborados com a adição de produtos químicos. Uma gastronomia que trabalha com ingredientes em sua forma original, que fortalecem nosso corpo físico com seus nutrientes; nosso corpo emocional com perfumes, cores, formas, texturas e sabores cheios de vida; e nosso corpo espiritual, que quer, por meio da alimentação, ficar em sintonia com a natureza.

Equipamentos e utensílios

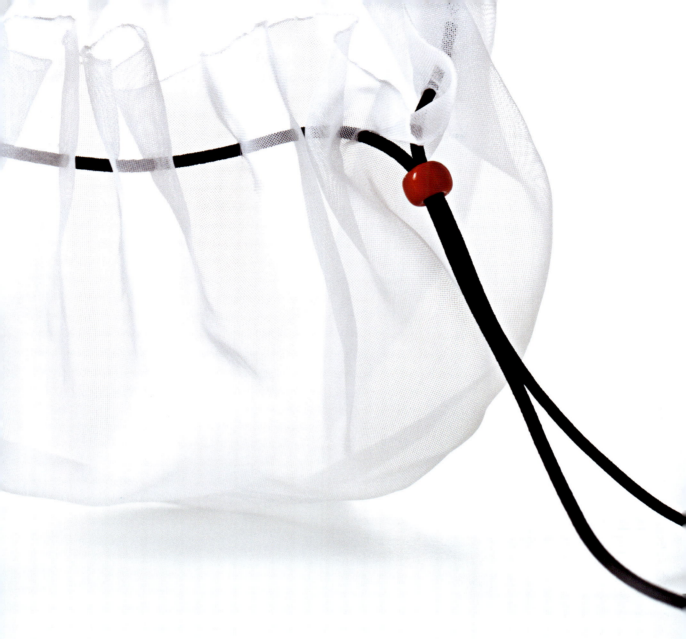

Mesmo depois de me tornar 100% vegetariana e crudívora, levei muito tempo para comprar equipamentos diferentes dos que eu já tinha em casa. Com uma boa faca, uma tábua de corte e algumas vasilhas, é possível fazer uma deliciosa refeição vegetariana e crua em qualquer lugar. Mas, como adoro apetrechos de cozinha e sempre segui o lema de que o melhor amigo do *chef* são suas ferramentas, dediquei algumas linhas a esse assunto.

ESQUEMA PARA CONFECCIONAR AS PENEIRAS DE TECIDO

Cortar um quadrado de 50 cm x 50 cm de *voile* de náilon.

Cortar um círculo com 50 cm de diâmetro.

Queimar as bordas do círculo com uma vela.

Fazer furos próximos à borda, de 3 cm em 3 cm, com um incenso aceso.

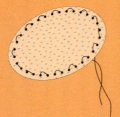

Passar o elástico como no desenho.

Juntar as pontas do elástico e dar um nó.

O equipamento que mais uso é o **liquidificador**. Vale a pena investir em um bem potente porque ele vai ter de liquefazer raízes, cocos, sementes e nozes. Então, quanto melhor sua qualidade, menos vamos precisar de outras máquinas.

Um bom **mandolim** é essencial na cozinha viva. Esse nome exótico se refere a um bom cortador de legumes. Ele faz mais ou menos as mesmas coisas que um processador elétrico, mas é mais adequado para pequenas quantidades por ser manual e mais fácil de lavar. O mandolim apresenta diversas opções de corte, porém o mais importante é que as lâminas sejam de boa qualidade e as opções de corte sejam as suas preferidas.

Outra forma de obter texturas diferentes de frutas, legumes, sementes ou verduras é através de **peneiras**. Mas as tradicionais não são tão eficientes quanto os antigos paninhos usados por nossas avós em suas cozinhas. Os que uso são confeccionados com tecidos 100% sintéticos, por serem bem resistentes e fáceis de higienizar. Esse tipo de peneira permite espremer os alimentos com as duas mãos para retirar o máximo de líquido dos ingredientes.

É interessante ter diversas opções de abertura na trama do tecido para favorecer texturas bem diferentes: para sucos com um mínimo de fibras, uso um *voile* de náilon com 0,16 mm de abertura (peneira de pano nº 1); para sucos em que desejo obter um creme grosso, mas quero retirar fibras longas e sementes, uso uma peneira de pano feita com uma malha esportiva com 2 mm de abertura (peneira de pano nº 2); e, para cremes realmente grossos ou para farinhas, uso um tecido furadinho com 3 mm de abertura (peneira de pano nº 3). Também gosto deste último para proteger os alimentos e para colocar as sementes para germinar em sua segunda etapa, quando ficam molhadas e em contato com o ar.

O **processador** é muito útil quando queremos trabalhar com maior quantidade de alimentos. Ele tem várias facas para picar, moer, bater massas ou transformar qualquer coisa em pasta. Também vale a pena que seja de boa qualidade, para resistir, por exemplo, quando tiver que transformar frutas secas e nozes em massa de torta.

Numa cozinha comum, usamos o forno para assar o que quisermos. Numa cozinha sem fogão, precisamos de uma maneira de desidratar os alimentos sem que eles passem de 42 ºC e, para isso, usamos um **desidratador**. Quando comecei a experimentar essa técnica, morava numa casa, fazia a mistura para meus biscoitos, arrumava tudo numa

cestinha, colocava meu carro no sol e usava o capô como desidratador. Quando fui morar num apartamento, não tive mais o sol à minha disposição e comprei um aparelho.

Existem vários modelos no mercado; recomendo os que possuem a ventilação e o aquecimento por trás das prateleiras, e não por baixo. São mais eficientes e dão menos trabalho durante o processo de desidratação.

Para fazer os fermentados, precisamos de **vidros e caixas para fermentação**. Nossos ancestrais utilizavam pequenos tonéis de madeira ou vasos de cerâmica e, para cada receita, usavam muita criatividade para alcançar seus objetivos. Alguns necessitavam de paninhos presos aos gargalos; outros, de pedras para manter os alimentos submersos durante o processo de fermentação; e outros, ainda, precisavam ficar pendurados dentro dos vidros para não entrar em contato com o ar. Para o chucrute, por exemplo, criaram um vaso de cerâmica com um pequeno anel côncavo na borda onde colocavam água para que a tampa encaixasse bem e ficasse submersa e livre de contaminações aéreas. Hoje, podemos usar vidros que fecham hermeticamente ou caixas apropriadas que têm diferentes formas de manter os alimentos dentro de seu próprio líquido para fermentarem sem ficar sujeitos a contaminações.

A **centrífuga** é uma ótima opção para fazer um suco quando não se tem a necessidade de coar. Apesar de veloz, faz com que ele oxide muito rapidamente, por isso será necessário um liquidificador para finalizar o suco com as sementes germinadas, já que elas

VARIAR AS FORMAS FAZ PARTE DO PRAZER DE CRIAR. UMA DAS COISAS QUE APRENDI COM OS ALIMENTOS CRUS É QUE FORMATOS DIFERENTES TÊM SABORES DIFERENTES. SE PEGARMOS UMA ABOBRINHA E A TRANSFORMARMOS EM UM TALHARIM, ELA TRARÁ UMA INFORMAÇÃO SENSORIAL BEM DIFERENTE DA MESMA ABOBRINHA CORTADA EM PEQUENOS CUBOS OU EM LÂMINAS.

não são coadas pela maioria das centrífugas. Existem atualmente máquinas importadas que prensam os vegetais a frio, sem picá-los nem friccioná-los. Extraem toda a água estruturada dos vegetais e são perfeitas para quem quer o suco de cada alimento separado.

O liquidificador pode ser usado como extrator de clorofila, se a intenção for fazer um suco com vários ingredientes. Mas, se quisermos extrair a clorofila pura em pequena quantidade, o melhor é um **extrator manual**.

Se tivermos vontade de comer algo quente, aquecemos o alimento até uma temperatura suportada pela mão para não comprometer suas propriedades nutricionais. Com o tempo, vamos perdendo esse hábito e comemos tudo em temperatura ambiente. Mesmo assim, é bom ter pelo menos um pequeno **fogão**, para eventuais desejos.

A **geladeira** é outro item que vai perdendo a importância. Se você mora perto de um bom mercado, o melhor é comprar fresquinho tudo o que vai ser consumido no dia. A geladeira ajuda a conservar os alimentos, mas tudo o que não queremos é cair na armadilha de as coisas terem que durar mais tempo do que o natural.

Um **termômetro digital** ajuda bastante na hora de fazer um amornado, pois queremos manter a temperatura abaixo de 42 °C para garantir a integridade dos alimentos.

Processos para a transformação dos alimentos

A gastronomia vegetariana e crua usa, basicamente, cinco processos para transformar os alimentos: aquecer, desidratar, germinar, fermentar e liquefazer.

Em nossa forma tradicional de cozinhar, a maioria dos alimentos é transformada pelo fogo. São inúmeros os processos de cocção inventados ao longo dos tempos, por mestres dedicados e criativos. Mas, para os crudívoros, esses processos não existem, pois a temperatura mais alta a que um alimento deve chegar não passa de 42 ºC. Por isso usamos apenas as técnicas chamadas **aquecer** e **desidratar**, variantes do uso do fogo. Com elas, fazemos os biscoitos, as massas de empada, os doces, os croquetes, enfim, sempre que precisamos reduzir o líquido dos alimentos para criar novas texturas.

Germinar é o processo de despertar uma semente para a vida.

Fermentar um alimento é transformá-lo com a ajuda de bactérias ou fungos microscópicos que existem nos próprios alimentos.

Liquefazer é transformar um alimento sólido em líquido. Pode-se fazer isso utilizando um liquidificador, uma prensa, um processador ou peneiras de pano que permitem retirar o líquido contido nos legumes, frutas e raízes espremendo-os com as mãos. Com a liquefação, fazemos sucos, cremes, sopas, molhos, maioneses e caldas.

Todos esses processos obedecem a uma premissa: os alimentos não devem passar por nenhum tipo de desnaturação que faça com que percam o que têm de melhor para nos oferecer em termos de nutrientes. Por isso precisamos prestar atenção no uso dos desidratados, que não devem representar mais do que 10% de nossa alimentação diária.

Queremos uma alimentação mais saudável, fácil de digerir, saborosa e, principalmente, com o máximo de frescor.

GERMINADOS

Existe uma diferença entre sementes e grãos. As sementes são vivas e germinarão para produzir uma nova planta. Quando falamos em grãos, normalmente, estamos nos referindo às sementes dos cereais. Mas o grão-de-bico não é um cereal, nem o feno-grego, nem a quinoa, nem o amaranto, nem os feijões ou muitos outros que costumamos assim chamar. Portanto, quando estamos falando de matéria-prima para ser utilizada na gastronomia vegetariana e crua, estamos falando de sementes vivas que vão germinar, não importa se são cereais ou não.

Em geral, as sementes germinam, mas isso pode não ocorrer por diversas razões: tempo de armazenamento, torrefação, irradiações, contato com a umidade (que pode ter iniciado o processo de germinação e interrompido), colheita malfeita ou qualquer outra interferência que possa afetar a força da vida contida dentro da semente.

Amêndoas, nozes e castanhas também são sementes e na natureza vão germinar em um processo natural que leva bem mais tempo do que as sementes de cereais e leguminosas. Algumas, como a castanha-do-brasil e a castanha-de-caju, por terem passado pelo fogo no processo de descascar, não vão germinar, mas vão acordar e tornar-se mais fáceis de digerir.

Segundo Dr. Alberto Peribanez Gonzalez (2009), "as sementes germinadas são muito mais nutritivas e fáceis de digerir do que os grãos secos". São fundamentais em inúmeros processos de criação na cozinha. Com elas, fazemos sucos, sopas, bolinhos, massas para torta, empadinhas, croquetes, enriquecemos as saladas e criamos molhos incríveis.

As sementes germinadas são biogênicas, geram vida. São a fonte mais preciosa de energia, vitaminas, minerais, enzimas, aminoácidos e proteínas, pois são vivas, são o germe de uma nova vida.

Grão-de-bico, linhaça, feno-grego, gergelim, girassol, amendoim, aveia, centeio e trigo não são fáceis de encontrar germinados em supermercados, por isso precisamos aprender a germiná-los.

Já brotos como alfafa, brócolis, trevo, agrião, lentilha, mostarda, rabanete, feijão-mungo (o *moyashi* dos japoneses) e rúcula costumam chegar fresquinhos a cada três dias aos mercados e ajudam bastante na hora de preparar os alimentos. Mas é bom saber como fazer no caso de ser difícil achá-los prontos.

Existem muitas sementes que podemos germinar, usar para fazer brotos ou plantar. Muitas, tradicionalmente, consumimos cozidas. Outras estão chegando de várias localidades, como a quinoa e a chia, que, além de trazerem novas informações nutricionais, ampliaram bastante nosso leque de possibilidades de criação de pratos.

Segue uma lista de sementes e grãos que gosto de ter por perto para variar os cardápios e que são fáceis de germinar:

Alfafa ◊ Alpiste ◊ Amendoim ◊ Arroz integral ◊ Arroz selvagem ◊ Aveia descascada ◊ Aveia com casca ◊ Avelã ◊ Brócolis ◊ Castanha-do-brasil ◊ Castanha-de-caju (crua) ◊ Centeio ◊ Cevadinha ◊ Coco ◊ Ervilha ◊ Feijão-mungo ◊ Feno-grego ◊ Gergelim cru ◊ Girassol com casca ◊ Girassol descascado ◊ Grão-de-bico ◊ Lentilha-verde ◊ Lentilha-rosa ◊ Linhaça-dourada e marrom ◊ Quinoa ◊ Trigo comum em grão ◊ Trigo-sarraceno com casca

GOSTO DE COMPRAR APENAS AS SEMENTES QUE VOU USAR DURANTE OS PRÓXIMOS DOIS MESES. NÃO COMPRO NOVAS ENQUANTO NÃO ACABAREM AS QUE JÁ COMPREI, MESMO QUE EU PASSE ALGUNS DIAS SEM VARIAR MUITO O CARDÁPIO. ESSA É UMA FORMA DE NÃO DAR A ELAS TEMPO DE MOFAR OU DE ATRAIR INSETOS. MAS É IMPORTANTE OFERECER SEMPRE INFORMAÇÕES VARIADAS AO NOSSO CORPO E NÃO CAIR NA "MESMICE".

A maioria das sementes dessa lista desperta para a vida depois de ficar em contato com água por oito horas e, em seguida, ainda úmidas, mais oito horas em contato com o ar.

As amêndoas, castanha-do-brasil, castanha-de-caju, noz-pecã, noz-macadâmia e outras nozes também são sementes, mas difíceis de encontrar para germinar. Algumas são importadas e já chegam com uma longa história de armazenamento e transporte que faz com que percam sua capacidade de germinação, como as nozes e amêndoas. Outras, como a castanha-de-caju, em seu processo de retirada da casca, têm que passar pelo fogo e por isso não germinarão. A castanha-do-brasil é a mais fácil de encontrar fresca e com casca, mas seu processo é mais complexo e lento, pois precisa ficar de dois a três dias na água, ter as cascas quebradas com cuidado para depois seguir o processo das outras sementes.

A melhor maneira de armazenar sementes é em garrafas de vidro com tampas eficientes, que não deixem entrar ar, nem pequenos insetos. Quanto menos oxigênio houver dentro das garrafas, melhor.

COMO GERMINAR SEMENTES?

Para germinar sementes e grãos, são necessárias uma peneirinha, uma cumbuca para apoiar a peneira e água filtrada.

Como regra geral, devem-se colocar as sementes na cumbuca, cobrir com água e deixar por oito horas. Ao final desse período, lavá-las bem em três águas e deixá-las na peneira, sobre a cumbuca, por mais oito horas. Pronto, isso já desperta a semente para a vida.

As sementes não precisam de terra. Elas vêm equipadas com tudo o que necessitam para germinar, mas precisam de água. É o cuidado com a água

PARA FAZER SEMENTES GERMINADAS

Material: uma peneira, uma tigela, sementes e água.

1. De manhã, colocar as sementes dentro da peneira, a peneira dentro da tigela, e cobri-las com água.

2. À noite, lavar as sementes e deixá-las na peneira dentro da tigela, sem água.

3. No outro dia de manhã, lavar as sementes e usá-las.

que vai determinar uma boa colheita. Água em demasia faz apodrecer; água de menos desidrata e mata o broto. Então o importante é ficar atento e buscar o ponto de equilíbrio da pequena vida que está sob seus cuidados.

Todas as sementes germinam da mesma forma, mas variam quanto ao tempo que levam para mostrar seu broto. Com o tempo, nos familiarizamos e encontramos um ritmo próprio para fornecimento constante de germinados.

Veja nesta tabela o tempo de germinação das sementes e grãos mais usados:

VARIEDADE	NA ÁGUA	NO AR	BROTO	GRAMA
ALFAFA	8h	8h	4 a 5 dias	6 a 7 dias
ALPISTE	8h	8h	4 a 5 dias	7 a 8 dias
AMENDOIM	8h	8h		
ARROZ SELVAGEM	8h	8h		
AVEIA DESCASCADA	8h	8h	4 a 5 dias	
AVELÃ	24h a 48h			
BRÓCOLIS	8h	8h		5 a 7 dias
CACAU FRESCO	8h	8h	4 a 5 dias	

VARIEDADE	NA ÁGUA	NO AR	BROTO	GRAMA
CASTANHA-DE-CAJU (CRUA)	2h a 4h			
CENTEIO	8h	8h	2 a 3 dias	
CEVADINHA	8h			
COCO	7 a 10 dias			
FEIJÃO-MUNGO	8h	8h a 24h	4 a 5 dias	
FENO-GREGO	8h	8h	3 a 4 dias	8 a 9 dias
GERGELIM CRU	4h	4h		
GIRASSOL COM CASCA	8h	8h	2 a 4 dias	9 a 10 dias
GIRASSOL SEM CASCA	5h	4h	2 a 3 dias	
GRÃO-DE-BICO	8h	8h	2 a 3 dias	
LENTILHA-VERDE	8h	8h	2 a 3 dias	
LENTILHA-ROSA	6h			
LINHAÇA	8h			
QUINOA	4h	4h		
TRIGO EM GRÃO	8h	8h	2 a 3 dias	9 a 10 dias
TRIGO-SARRACENO COM CASCA	12h	8h		2 a 3 dias

DICAS

Essa tabela é uma referência, mas, dependendo das condições do clima e do meio ambiente onde vão ser processados, as sementes e os grãos germinam em mais ou menos tempo. No verão, um girassol pode amanhecer com 4 mm depois de apenas um dia de processo. No inverno, podem passar mais de dois dias sem que ele coloque o "nariz" para fora. Isso não quer dizer que não esteja pronto para o consumo. Ficar na água é o código para despertar, mas seu crescimento vai variar de acordo com as condições externas, como o calor do ambiente, a luz e a água.

Para o suco, gosto da semente com apenas um pequeno germe ou broto à mostra. Se passar do ponto e ficar com mais de 1 cm, vai começar a ter um gosto mais amargo e pode comprometer o sabor do suco.

Se você quiser um tamanho de broto determinado e não for utilizar as sementes no mesmo dia, é importante ficar atento e lavá-las periodicamente, para que não mofem.

Se for usar as sementes germinadas em um suco que será coado, não há necessidade de retirar a casca (nem as do girassol, que é uma madeirinha). Mas, se for usá-las numa salada, é preciso comprar sementes sem casca. Se forem sementes de casca leve, é bom retirar o excesso, porque são fibras mais difíceis de mastigar e digerir. A maneira mais simples de fazer isso é colocar os brotos na água fresca ou gelada e soltar as casquinhas delicadamente.

Não há nenhum problema em consumirmos algumas cascas. Nosso corpo se encarrega delas. Mas gosto de retirar a casca de sementes como o amendoim, a lentilha, o grão-de-bico e outras que contêm muita celulose.

Para os vegetarianos crudívoros, estocar é uma palavra que vai aos poucos perdendo o sentido. Queremos comidas com alto índice de energia e, para isso, evitamos guardar qualquer coisa. Se você gosta de brotos, crie um ritmo de produção ou compre-os prontos para prover uma cota diária de sementes germinadas e frescas em seu cardápio.

BROTOS

Os brotos são o desenvolvimento natural das sementes e grãos germinados. Sua produção começa da mesma forma: colocam-se as sementes na água filtrada de manhã, lavam-se à noite e deixam-se na

Na prática, depois de quase 15 anos germinando minhas sementes e grãos, engrenei num ritmo que dá certo: de manhã, consumo as sementes que passaram a noite na peneira e coloco novas na água, para reiniciar o processo. Passam o dia na água. Quando chego em casa, à noite, lavo-as sob a torneira e as deixo na peneira para que passem a noite em contato com o ar. Isso dá mais de oito horas para cada etapa, mas sempre deu certo. Na manhã seguinte, se consumir todas as sementes que germinei, repito o processo desde o início com novas sementes. Se não, apenas lavo-as bem e as deixo na peneira para usar ao longo do dia. Algumas sementes não gostam de excesso de água, e com o tempo passei a tratá-las de maneira diferente. O girassol sem casca e a aveia, por exemplo, são mais sensíveis, portanto procuro deixá-los por menos tempo na água para que não fiquem encharcados demais. Outra exceção é a semente de linhaça, que, ao entrar em contato com a água, cria uma mucilagem e se torna bem propensa ao mofo. Por isso, lavo-as bem e realizo todo o processo de germinação dentro da geladeira.

peneira até o dia seguinte. Todos os dias, de manhã e à noite, as sementes devem ser lavadas e deixadas na peneira até que os brotos estejam prontos, ou seja, do tamanho que você deseja tê-los para serem consumidos.

Um local com muita sombra faz o broto crescer mais rápido e mais tenro. Se o calor de um dia de verão for demasiado, é bom lavar as sementes no meio do dia. Sementes germinadas são seres vivos e precisam de atenção. Seu aspecto e seu aroma têm de ser atraentes e mostrar frescor. Se sua produção apresentar mau cheiro ou ficar melada ou mofada, jogue fora. Lave muito bem a peneirinha e a tigela com água e sabão e reinicie o processo.

Quando se compram brotos orgânicos de trevo, alfafa e outras pequenas sementes difíceis de encontrar, geralmente eles chegam tão vivos que continuam a crescer mesmo na geladeira. Para que isso aconteça, assim que chegar em casa, coloque os brotos numa tigela com água gelada e separe delicadamente as plantinhas. Retire o máximo de cascas possível. Arranje uma caixa com peneira,

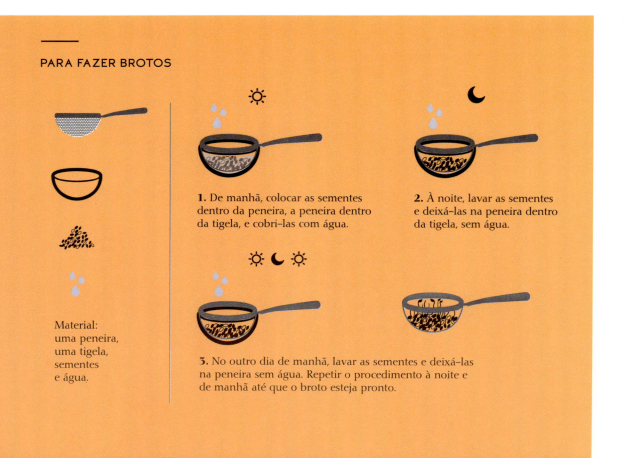

PARA FAZER BROTOS

Material: uma peneira, uma tigela, sementes e água.

1. De manhã, colocar as sementes dentro da peneira, a peneira dentro da tigela, e cobri-las com água.

2. À noite, lavar as sementes e deixá-las na peneira dentro da tigela, sem água.

3. No outro dia de manhã, lavar as sementes e deixá-las na peneira sem água. Repetir o procedimento à noite e de manhã até que o broto esteja pronto.

como as que existem no mercado para colocar queijo fresco, pois são apropriadas para que o produto não fique em contato com a água. Coloque os brotos escorridos sobre a peneira dentro da caixa, tampe e guarde dentro da gaveta de legumes. Verifique todos os dias o estado deles. Se o cheiro começar a se tornar desagradável, jogue fora. O ideal é consumi-los no máximo em três dias.

GRAMA

A grama é o terceiro estágio do processo que dá origem às sementes germinadas e aos brotos. Colocar as sementes em água filtrada de manhã, lavá-las à noite e deixá-las na peneira até o dia seguinte faz com que despertem para a vida e cresçam. Soltas na natureza, elas se fixam no solo. Para cultivá-las em casa, colocamos as sementes germinadas sobre aproximadamente 3 cm de terra adubada e bem curtida, regamos de manhã e à tarde e esperamos que atinjam cerca de 18 cm. Pronto, temos a clorofila de que precisamos.

À medida que nos familiarizamos com o cultivo da grama, só de olhar já sabemos a melhor hora de consumi-la. Por estar num ambiente restrito, ela atinge sua plenitude e se mostra bem verde e energizada em poucos dias, mas, assim que chega a esse ponto, entra rapidamente numa linha descendente e começa a amarelar e a se mostrar sem energia. Quando chega a essa fase, passa do ponto. Não a utilize se estiver com a base mofada.

Existem germinadores importados que produzem grama sem precisar de terra.

Os brotos e gramas não aguentam a exposição direta ao sol. Para eles, basta a luz. Por estarem em condições artificiais, temos de ficar atentos ao controle da umidade. Como as caixas não são furadas, é preciso regular bem a maneira de regar. Geralmente, molha-se de manhã e à tarde com um regador de bico fino, passando-o

CULTIVO MINHAS GRAMAS NA JANELA DE MEU APARTAMENTO. COMPREI 20 CAIXAS DE PLÁSTICO RECICLÁVEL DE 20 CM X 15 CM QUE COMPORTAM A QUANTIDADE DE GRAMA QUE DESEJO PRODUZIR POR DIA. TODOS OS DIAS TIRO DA JANELA UMA CAIXA COM A GRAMA QUE VOU CONSUMIR E COLOCO OUTRA COM AS SEMENTES GERMINADAS QUE VÃO SE TRANSFORMAR EM NOVA GRAMA DENTRO DE OITO DIAS.

quatro vezes em cada caixa. Se for um dia muito quente de verão, talvez seja necessário fazer uma rega extra no meio do dia.

A produção saudável necessita de semente, terra e água de boa qualidade, de preferência tudo orgânico, para gerar uma grama verde, brilhante, cheirosa e perfeita. Se sua grama ficar amarelada, fraca, com sementes mofadas e cheiro ruim, há algo errado. Jogue tudo fora e comece de novo até "acertar a mão".

Vale lembrar que, se você não tem tempo para cuidar da produção de grama, pode encontrá-la pronta em alguns mercados.

A grama também deve ser programada para ser consumida logo após a colheita. A cada minuto depois de cortada, ela se afasta mais de sua fonte original de energia. Por isso é melhor não armazenar grama, pois a produção tem justamente a intenção de prover uma clorofila fresca e cheia de vitalidade. Se for levar a grama para algum lugar, leve a caixinha e corte-a na hora de consumir.

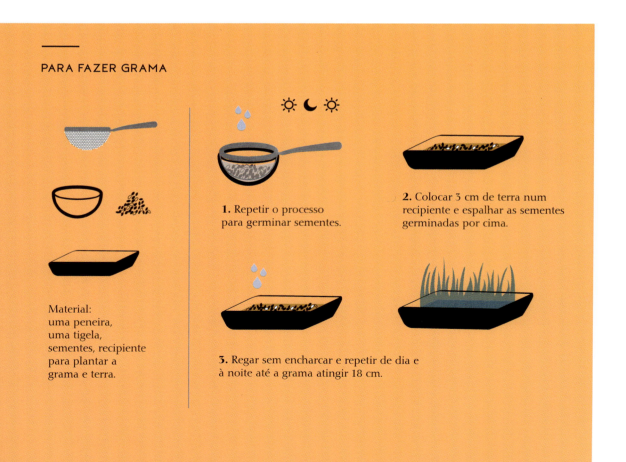

PARA FAZER GRAMA

Material: uma peneira, uma tigela, sementes, recipiente para plantar a grama e terra.

1. Repetir o processo para germinar sementes.

2. Colocar 3 cm de terra num recipiente e espalhar as sementes germinadas por cima.

3. Regar sem encharcar e repetir de dia e à noite até a grama atingir 18 cm.

Como vimos, o material necessário para confeccionar sua grama é água, uma caixa plástica, uma peneira, sementes, terra adubada, uma tigela e muito amor, cuidado e atenção, pois é um ser vivo!

FERMENTADOS

A palavra *fermentar* vem do latim *fervere*, que quer dizer borbulhar. As bolhas que aparecem durante o processo de fermentação evocam algo em ebulição e remetem a laboratórios de alquimistas rodeados de fórmulas mágicas (receitas, claro), contemplando seu *athanor* (fogão alquímico) e tentando desvelar os processos de transformação promovidos pelo fogo. Eles trabalhavam e rezavam enquanto tentavam transformar chumbo em ouro e, ao longo dessa procura, fizeram muitas descobertas, entre elas alguns processos de fermentação de alimentos, como o de queijos e vinhos. Mas os grandes mistérios continuam presentes, fazendo que, até seguindo a mesma técnica, um vinho de determinado local seja diferente do de outra procedência e que existam tantos queijos variados pelo mundo.

Vejo a fermentação como um dos berços da magia. Podemos nos divertir com ela. Quando fechamos um vegetal num pote, sem nenhum outro ingrediente, e esperamos, por dois ou três dias, que ele se transforme em outro alimento, estamos simplesmente esperando e contemplando o mistério. Podemos seguir muitos procedimentos prévios e fazer muitas criações posteriores, mas existe uma etapa em que tudo acontece no silêncio e é invisível a nossos olhos. A mágica, para ser perfeita, tem que nos fazer entrar em contato com o mistério. No caso

---

Existe certa confusão acerca da denominação dos estágios de desenvolvimento das sementes. Quando colocamos uma semente na água por algumas horas, apenas para amaciá-la, a chamamos de *semente hidratada*. Quando colocamos a semente de molho na água por no mínimo oito horas e depois por outras oito horas numa peneira em contato com o ar, ela desperta para a vida, e a chamamos de *semente germinada*. Quando a semente germinada abre suas folhas primárias e cria uma pequena raiz proporcional, a chamamos de *broto*. Quando plantamos essa semente na terra e a deixamos crescer cerca de 15 cm, a chamamos de *grama*. A diferença entre brotos e gramas é que os brotos comemos inteiros e das gramas cortamos as raízes.

da fermentação, ela é surpreendente, pois torna os alimentos mais saborosos, nutritivos e fáceis de digerir.

A fermentação abriu portas importantes para a gastronomia, com uma diversidade de queijos, vinhos, pães, molhos (como o de soja), cervejas, iogurtes, chucrutes e muitos outros produtos espalhados pelo mundo. É triste pensar que hoje, por falta de manutenção das tradições alimentares de povos que faziam de suas cozinhas um verdadeiro laboratório, fórmulas preciosas estejam se perdendo, como, por exemplo, a do chucrute alemão, que era comum nas cozinhas das famílias. Nelas, criavam-se receitas cheias de segredos que eram passadas de pais para filhos. Hoje, na maiorias das casas, só vemos chucrutes industrializados e com os mais diversos rótulos. Tudo mudou, e é comum ver os herdeiros dos incríveis cadernos de receitas das avós não se interessarem por eles ou não terem mais tempo para isso.

A fermentação é o resultado da transformação química de uma substância orgânica com a ajuda de bactérias ou fungos microscópicos. Existem micro-organismos em tudo o que nos envolve: no ar, na água, na terra, nos alimentos, dentro e fora de nosso corpo. Segundo o engenheiro agrônomo e escritor Claude Aubert, sem eles não haveria vida no planeta. Eles são responsáveis pelos processos de reciclagem da natureza e atuam em todas as áreas em que haja necessidade de transformação. Estamos acostumados a olhar para os seres microscópicos com medo de doenças e nos esquecemos de que eles são utilizados pela medicina em muitos processos de cura. Portanto, aparecem tanto no trabalho de desconstrução quanto no de construção da vida (AUBERT, 1996).

Muito antes de os homens saberem que as fermentações mais utilizadas na alimentação são lácticas ou alcoólicas, eles já faziam uso de bebidas e alimentos fermentados. Sumérios e babilônios já mencionavam, em seus escritos,

TODO DIA DESCUBRO UMA FORMA NOVA DE UTILIZAR OS FERMENTADOS. PERCEBO QUE, QUANDO CONSUMO UM ALIMENTO DESSE TIPO, A DIGESTÃO FICA MAIS FÁCIL E RÁPIDA. MEU PRATO GANHA NOVOS SABORES E COLORIDOS E ME SINTO MAIS LEVE E ENERGIZADA.

muitas formas de produzir cervejas. Os atletas e gladiadores romanos consumiam um produto fermentado à base de peixe que diziam ser a fonte de sua legendária força. Há referências da existência do chucrute há mais de 2 mil anos, e o pão já era conhecido pelos antigos egípcios.

Fermentamos tudo: cereais, legumes, sementes, leites, carnes e peixes. Cada povo se especializou em um tipo de fermentação: os alemães nos legumes; os russos nos pepinos; os poloneses nas sopas ácidas; os japoneses na soja, no arroz e nos legumes; os mexicanos no pozol de milho; os franceses nos seus pães, vinhos, queijos, embutidos, cervejas…

Consumimos muitos alimentos fermentados sem nos dar conta disso, mas, por outro lado, estamos cada vez mais afastados dos processos de fermentação. Compramos tudo pronto nos supermercados e deixamos de nos divertir observando a mágica que é a produção de um iogurte, como faziam nossos ancestrais.

Hoje em dia, os processos de fermentação tradicionais estão ameaçados de extinção. Eles precisam do tempo como aliado, seus resultados não são sempre iguais e sua conservação demanda cuidados especiais. Já ficou claro que, somando tudo isso à falta de tempo atual, à desinformação e à prática do *fast-food*, as indústrias alimentícias se apropriaram desses preciosos produtos e adaptaram seus processos industriais para atrair consumidores.

Se você quiser um produto fermentado verdadeiro, siga esta dica: procure no rótulo a indicação "fermentado naturalmente".

Alimentos fermentados são mais fáceis de ser aproveitados pelo nosso organismo e possuem sabores incríveis.

Para baratear o custo e aumentar o lucro, as indústrias trocam o processo natural de fermentação dos pães pela utilização de produtos químicos. Para conservar os pepinos, colocam-nos diretamente no vinagre; em vez de legumes fermentados, encontramos legumes em salmouras com um teor muito alto de sal, o que impede qualquer processo de fermentação. Um exemplo cruel é o caso do shoyu, o molho de soja que é resultado de um processo tradicional de fermentação que leva de um a dois anos para ficar pronto e que, industrialmente, é feito em um ou dois dias, com produtos químicos. Se você não lê os rótulos, come "gato por *l'erbe*" o tempo inteiro.

Fui criada sem jamais ter visto um molho shoyu ou um missô, fermentados de soja comuns na dieta oriental. Hoje é bem fácil encontrar esses produtos em qualquer supermercado, mas a maioria não é de fermentação natural e está cheia de produtos químicos.

Um bom molho shoyu é um ingrediente muito usado na gastronomia vegetariana e crua e precisa ter seu rótulo investigado para não virar um alimento biocídico (nocivo à vida) em vez de biogênico (gerador de vida), que é o que buscamos.

O molho tradicional possui apenas cinco ingredientes: sementes de trigo e de soja, fermento, sal e água. Normalmente vem seguido da informação "fermentado naturalmente". Se houver qualquer outro ingrediente, como açúcar, glutamato monossódico ou a sigla para disfarçá-lo (INS 621), ou grupos de números e/ou letras que você não sabe o que são, devolva para a prateleira do supermercado. Não é alimento.

Seu sabor ácido foi usado em muitas tradições culinárias e é, sem dúvida, na minha opinião, um presente dos deuses para colorir e diversificar nossos cardápios.

No Brasil, não temos muita tradição culinária de fermentados. Exceto pelo queijo de minas e pela cerveja, é raro ver uma família produzir seu chucrute ou alguma forma de picles de legumes, como fazem os povos europeus e asiáticos.

Os fermentados podem ser usados como temperos, recheios, queijos, patês, bebidas, desidratados etc. O processo de fermentação é muito simples e, na maioria das vezes, demanda poucos recursos: apenas o ingrediente escolhido e alguns utensílios de cozinha — um espaço, um pote, um peso e um pedaço de tecido. Depois, é só esperar que o tempo faça o trabalho de transformação.

A melhor maneira de verificar se uma fermentação deu certo é por meio de uma análise organoléptica. Nesse tipo de análise, a cor, a forma, o aroma e o sabor se transformam e adquirem características especiais. Nossos sentidos são os melhores juízes para avaliar se os fermentados estão saudáveis e apetitosos. Se você olha, cheira, saboreia, aprecia a textura e tudo parece *OK*, o fermentado está bom. Se, em algum desses quesitos, seus sentidos se retraírem e não desejarem ingerir o alimento, jogue-o fora e comece de novo.

Para os crudívoros, os fermentados são uma fonte preciosa de nutrientes, excelentes como tempero, agem como conservantes em alguns casos e são ótimos para ajudar a quebrar os padrões e ampliar os horizontes.

DESIDRATADOS

Desde os tempos antigos, o homem procura maneiras práticas de armazenar e transportar alimentos. Antes do século passado, não existiam equipamentos ou processos para armazenar alimentos com facilidade como hoje em dia (geladeiras, enlatados, garrafas PET, caixas herméticas com alimentos pasteurizados, freezers etc.). O que havia de mais sofisticado era a desidratação por meio dos elementos fogo, ar ou água salgada.

Se o alimento é desidratado numa temperatura abaixo de 42 °C, não sofre transformações radicais e se mantém quase íntegro. Permanece cru e não perde a maioria de suas enzimas, vitaminas e minerais naturais.

Para desidratar alimentos em casa, podemos usar o calor do sol, o fogão ou um desidratador elétrico. No fogão tradicional, é difícil manter uma temperatura baixa. Num dia de sol, é fácil desidratar alguns alimentos, mas teremos problemas se quisermos desidratar tomates ou frutas que contenham muita água. Eles atraem insetos com seus aromas, e serão necessários um dia de sol bem quente, sem nuvens, e algumas horas a mais de exposição ao calor. Um desidratador elétrico ou a gás é o meio mais confortável de desidratar, por isso vale a pena investir nesse equipamento.

Existem muitas ofertas de desidratadores, todos muito fáceis de usar e ainda acompanhados de boas dicas e receitas para serem experimentadas. Os desidratadores com emissão de calor e vento por trás das prateleiras são os mais adequados.

Para os vegetarianos crudívoros, a desidratação é um campo de pesquisa cheio de surpresas, ótimo para desenvolver a criatividade. Se você tem uma horta ou um meio de adquirir vegetais da estação por um bom preço, aproveite para desidratá-los. Na hora de fazer um suco, pode-se separar a polpa para ser usada em saladas, biscoitos, farofas ou outras receitas que vamos intuindo quando entramos em contato com esses ingredientes.

Os desidratados também não são feitos para durar muito tempo. Quando ficam guardados, sofrem os efeitos da oxidação natural e, por não terem conservantes, amolecem e mofam com facilidade. Depois de desidratar um

Eu nunca tinha ouvido falar em desidratados. O máximo que conhecia eram as frutas secas, que só comia por ocasião de festas especiais, como o Natal ou a Páscoa. Agora, em vez de usar o fogão, uso meu desidratador quase diariamente. Faço frutas secas, biscoitos, queijos de sementes, massas para tortas, massas para pizza, farinhas e pães de sementes germinadas. Tudo cru, desidratado abaixo de 42 ºC.

São os desidratados que me salvam quando tenho de sair de casa e lidar com a dificuldade que ainda existe para quem quer se alimentar apenas de vegetais crus. Ter à mão pães de sementes germinadas, farinhas de raízes, frutas secas, nozes e biscoitos muitas vezes resolve esse problema.

alimento, procure usá-lo rapidamente para que não fique guardado por mais de uma semana. Os desidratados são ótimos para serem levados em viagens e podem até substituir uma refeição. Alguns duram mais, contudo é bom ficar atento e não arriscar. Se for necessário, uma boa solução para aumentar sua durabilidade é colocá-los para desidratar de novo por alguns minutos a cada cinco dias.

AQUECIDOS

Depois de séculos de tradição gastronômica fundamentada em processos de cocção, é normal estranhar alimentos frios, mornos ou em temperatura ambiente. Na alimentação vegetariana e crua, a temperatura máxima que um alimento atinge durante o processo de transformação é de 42 ºC. Ou seja, morno, ou em temperatura ambiente, se estivermos falando de um alimento numa cidade de clima quente em determinados dias do ano. Por isso chamamos esses alimentos de "aquecidos ou amornados".

De modo geral, quando as pessoas entram em contato com essa premissa, estranham e logo dizem que não podem passar sem uma sopa quente... Mas, para a maioria daqueles que se interessam pela gastronomia vegetariana e crua, isso não é um problema se o resultado for uma sopa com muito mais nutrientes, mais colorida e cheia de energia. Com o tempo, passamos a gostar dos alimentos em temperatura ambiente.

Todos os pratos dessa gastronomia podem ser aquecidos: sopas, purês, bobós, moquecas, croquetes, macarronada de raízes ou de legumes...Tudo morno e delicioso!

O amornado é um alimento que não passa de 42 ºC. Se quisermos fazer uma moqueca de abóbora para dez pessoas, por exemplo, vamos precisar de uma panela funda e de um termômetro próprio para gastronomia. Se não tivermos, a alternativa é controlar a temperatura com as mãos, do mesmo jeito que fazemos quando amornamos a mamadeira de um bebê. A temperatura de nosso corpo gira em torno de 36,5 ºC. Se sentirmos que o alimento está quente mas não chega a nos queimar, está na hora de desligar o fogo.

Para aquecer desidratados, como uma empada, um croquete ou uma pequena porção de creme, usa-se o desidratador, que é mais prático e permite que se controle a temperatura.

DESDE 2001, ME ALIMENTO DESSA FORMA E, DURANTE APROXIMADAMENTE OITO ANOS, AMORNEI MUITO MEUS PRATOS. FAZIA QUESTÃO DE TER SEMPRE ALGUM ITEM QUENTINHO NAS PRINCIPAIS REFEIÇÕES. NOS ÚLTIMOS ANOS, NÃO AQUEÇO PRATICAMENTE NADA, E MEU FOGÃO VIROU UM ARMÁRIO PARA MINHAS FÔRMAS E TRAVESSAS.

LIQUEFEITOS

Liquefazer é transformar um alimento sólido em líquido.

O líquido extraído dos vegetais crus, frescos e maduros é a mais perfeita fonte de nutrição que podemos oferecer para nosso corpo. Também conhecido como água estruturada, esse líquido é o que chamamos de suco da vida.

É rico em sais minerais, enzimas, gorduras, fibras vegetais, oligoelementos, proteínas e vitaminas. Pode ser obtido por meio de um liquidificador, uma prensa, uma centrífuga, um processador, peneiras de pano ou por qualquer outro instrumento que transforme um alimento sólido em líquido.

Com o uso de peneiras ou com a velocidade do processador, podemos regular a quantidade de fibras e o grau de viscosidade que desejamos para cada receita. Dessa forma, conseguimos criar sucos, *shakes*, cremes, sopas, molhos, maioneses, caldas e o que mais nossa imaginação inventar.

As receitas

Minha sugestão é que você olhe para cada receita como se fosse uma janela aberta para novas dimensões e não se canse de perguntar: como posso transformar essa ideia em outra coisa? Que temperos posso utilizar para variar essa mesma composição? Posso alterar a forma? E a textura? Não deixe de mudar sempre. Nas fotos das receitas, você vai ver as minhas sugestões para montagem e apresentação dos pratos. Mas use sua criatividade e intuição. Viva uma nova experiência a cada dia. É muito bom!

AQUECIDOS

BOBÓ DE ABÓBORA

INGREDIENTES PARA DUAS PORÇÕES

300 g de abóbora-menina
240 ml de rejuvelac (ver receita na p. 72)
120 g de inhame
120 g de tomate
80 g de pimentão-vermelho em tiras
60 g de castanha-de-caju inteira
30 ml de azeite de dendê
30 g de coentro fresco
6 gotas de corante de urucum
6 g de alho
2 g de sal marinho
1 g de gergelim-preto germinado
0,1 g de pimenta-dedo-de-moça

MODO DE FAZER

Cortar as castanhas-de-caju ao meio, com cuidado para não quebrar. Colocar de molho no rejuvelac com o urucum por duas horas para que adquiram um tom rosado como o do camarão.

Picar a abóbora e bater no liquidificador junto com o inhame, o alho, o sal, a pimenta e o azeite de dendê.

Picar o tomate em cubos e o pimentão em tiras finas. Picar o coentro e misturar tudo.

Aquecer com cuidado, até uma temperatura que a mão aguente (em torno de 42 ºC).

Acrescentar a castanha-de-caju ao creme, deixando algumas unidades para decorar.

Enformar e decorar com rodelas finas de pimentão-vermelho e a castanha-de-caju.

Sugestão: Servir com salada de agrião ou de rúcula de sua preferência e o gergelim-preto germinado.

LASANHA COM GIRASSOL CROCANTE

INGREDIENTES PARA DUAS PORÇÕES

PRÉ-PREPARO DA BERINJELA
400 g de berinjela cortada em tiras finas
30 ml de suco de limão
1,5 g de sal marinho

MODO DE FAZER
Temperar as fatias de berinjela com limão e sal e deixar marinar por duas horas.

MOLHO DE TOMATE
35 g de tomate desidratado
120 g de tomate maduro
125 ml de água filtrada
1,5 g de sal marinho
10 g de folhas de manjericão
50 g de mamão maduro

MODO DE FAZER
Colocar o tomate desidratado na água e deixar hidratar por duas horas. Bater todos os ingredientes (inclusive a água usada para hidratar o tomate) e reservar.

MOLHO BRANCO
250 ml de água de coco
200 g de castanha-de-caju hidratada por três horas
30 ml de suco de limão
6 g de alho
1,5 g de sal do Himalaia
noz-moscada

MODO DE FAZER
Bater todos os ingredientes e reservar.

GIRASSOL CROCANTE
135 g de sementes de girassol sem casca germinadas
15 ml de molho de soja fermentado naturalmente (shoyu)
1,25 g de páprica picante
0,70 g de sal de aipo
80 g de passas brancas
60 ml de água filtrada

MODO DE FAZER
Bater todos os ingredientes, menos as sementes de girassol germinadas, que devem ser misturadas depois.

»

» Colocar a mistura para desidratar por quatro horas ou até que esteja bem crocante.

FARINHA DE MAÇÃ
900 g de maçã

MODO DE FAZER
Bater a maçã com casca (e sem sementes). Passar em uma peneira de pano nº 1 (ver p. 23) e espremer bem.

Colocar a polpa para desidratar por 12 horas ou até que esteja bem seca. Bater no processador com a lâmina plana para obter uma farofa fina.

MONTAGEM
Enxugar rapidamente as berinjelas. Colocar num pirex uma camada de berinjela, o molho de tomate e folhas de manjericão. Colocar uma segunda camada de berinjela e molho branco por cima, a seguir outra camada de berinjela e molho de tomate, e polvilhar com a farinha de maçã e o girassol crocante. Acrescentar uma camada de berinjela e molho branco por cima. Repetir alternando beringela, molho branco e molho de tomate até a altura desejada e finalizar com molho de tomate, farinha de maçã, folhas de manjericão e girassol crocante.

Aquecer em banho-maria, tomando cuidado para que não passe de 42 ºC.

NUGGETS DE AMÊNDOA

INGREDIENTES PARA 20 NUGGETS

200 g de abobrinha
120 g de amêndoa
120 ml de rejuvelac (ver receita na p. 72)
20 g de maçã desidratada
3 g de sal marinho
1,5 g de curry em pó
100 g de farinha de cenoura

MODO DE FAZER

Colocar a amêndoa de molho na água por oito horas. Lavar e deixar na peneira por mais oito horas. Depois, lavar novamente e descascar.

Bater todos os ingredientes no liquidificador.

Espalhar a mistura sobre uma folha de teflex* e colocar no desidratador por três horas, mexendo de vez em quando para retirar o excesso de líquido.

Para moldar os nuggets, pegar uma colher de sopa da massa e fazer uma bolinha no formato de brigadeiro.

Passar os nuggets na farinha de cenoura e colocar no desidratador por uma ou duas horas para obter uma crosta crocante. Servir em seguida.

*Folha plástica, própria para ser usada no desidratador.

FARINHA DE CENOURA

500 g de cenoura
0,70 g de sal de aipo

MODO DE FAZER

Colocar a cenoura no processador para obter uma pasta.

Abrir um círculo numa folha de teflex de 2 mm e colocar no desidratador até que esteja bem crocante.

Bater no processador com a lâmina plana para transformar em farinha.

Adicionar o sal de aipo e acondicionar em vidro bem fechado (pode ser armazenado por 30 dias).

TORTINHA DE ABÓBORA- -JAPONESA

INGREDIENTES PARA DUAS PORÇÕES

100 g de abóbora-japonesa
60 ml de água de coco
40 g de tomate maduro
15 ml de óleo de coco
10 g de farinha de mandioca
1,5 g de sal marinho
0,70 g de pimenta-dedo-de-moça picada
2 forminhas de centeio (ver receita na p. 62)
1 raiz de coentro
folhas de coentro picadas

MODO DE FAZER

Bater no liquidificador a abóbora, a água de coco, a raiz de coentro, o óleo de coco, o sal e a farinha de mandioca. Misturar a pimenta picada.

Preencher as forminhas com o creme, enfeitar com o tomate e o coentro picado. Colocar no desidratador por uma hora e servir.

TORTINHA DE TOMATE-CEREJA

INGREDIENTES PARA DUAS PORÇÕES

200 g de tomate-cereja
0,70 g de tomilho fresco
70 g de queijo de girassol
   (ver receita na p. 71)
2 forminhas de centeio (ver receita
   na p. 62)
azeite extravirgem a gosto

MODO DE FAZER

Fazer um furo em cada tomate-cereja e colocar para desidratar por duas horas.
   Cortar o queijo de girassol e preencher com ele o fundo de cada forminha.
   Colocar no desidratador por uma hora. Desenformar e deixar mais uma hora a 42 °C. Arrumar os tomates-cereja sobre o queijo dentro das forminhas e retornar ao desidratador por mais 30 minutos. Espalhar folhas de tomilho sobre os tomates-cereja e regar com um fio de azeite extravirgem.

Sugestão: Servir com sua salada de rúcula preferida.

DESIDRATADOS

CRACKER DE ABÓBORA

INGREDIENTES PARA QUATRO PORÇÕES

500 g de abóbora-japonesa descascada
100 ml de água
50 g de gergelim-branco
15 ml de suco de limão
15 ml de azeite de dendê
6 g de alho
2 g de sal marinho
0,70 g de pimenta-dedo-de-moça

MODO DE FAZER

Colocar as sementes de gergelim para germinar na água por quatro horas e deixar por mais quatro horas na peneira.

Bater todos os ingredientes no liquidificador, com exceção do gergelim, que deverá ser misturado para ficar inteiro. Colocar no desidratador por 12 horas a 42 °C ou até que esteja na consistência desejada.

CRACKER DE LENTILHA

INGREDIENTES PARA 100 G

150 g de lentilha
100 ml de água filtrada
90 g de linhaça-dourada
4 g de alho
3 ml de óleo de coco
3 ml de molho de soja fermentado naturalmente (shoyu)
1 g de açafrão-da-terra
1 g de sal marinho
5 g de salsa

MODO DE FAZER

Germinar a lentilha: lavar três vezes e deixar de molho na água por oito horas. Lavar bem novamente e deixar sobre uma peneira por mais oito horas.

Germinar a linhaça: lavar três vezes em água filtrada e deixar de molho com os 100 ml de água por uma noite.

Picar a salsa e reservar.

Bater todos os ingredientes no liquidificador. Misturar a salsa e abrir a massa com 3 mm de altura. Colocar no desidratador por 12 horas a 42 °C ou até que esteja crocante.

CRACKER DE LINHAÇA

INGREDIENTES PARA 450 G

350 g de batata-baroa (ou mandioquinha) picada
90 g de linhaça-dourada
100 ml de água filtrada
3 g de curry*
3 g de sal marinho

* Se o curry for muito picante, use uma quantidade menor.

MODO DE FAZER

Lavar a linhaça três vezes. Deixar de molho na água durante a noite.

Bater no liquidificador a batata-baroa, o curry e o sal com o mínimo de água.

Misturar a linhaça fora do liquidificador e abrir a massa com 3 mm de altura sobre uma folha de teflex.

Colocar no desidratador por 12 horas a 42 °C ou até que esteja bem crocante.

CROCK DE TRIGO--SARRACENO

INGREDIENTES PARA 20 UNIDADES

150 g de trigo-sarraceno sem casca
60 ml de suco de laranja
30 g de maçã-verde desidratada
2,5 g de alho
1 g de curry*
Sal a gosto

* Lembre-se sempre de que é preciso ajustar a receita ao curry que você possui em casa. Cada marca é uma mistura diferente de temperos. Alguns são mais picantes.

MODO DE FAZER

Colocar o trigo-sarraceno de molho na água por quatro horas. Lavar e deixar na peneira por mais quatro horas.

Bater rapidamente no liquidificador o trigo com o alho, o suco de laranja, o sal e o curry.

Picar a maçã bem miudinha e misturar ao creme obtido.

Deixar descansar por 30 minutos.

Enformar** e colocar por 12 horas no desidratador a 42 °C ou até que esteja com a textura desejada.

* Fica muito bom com guacamole, mas pode rechear com o creme de sua preferência. É perfeito como curinga para um lanchinho-surpresa. Pode ficar guardado por um mês em um vidro hermético.
** Enformar colocando um pedacinho de voal entre a forminha e a massa para facilitar sua retirada.

CROQUETE DE GIRASSOL E GERGELIM-PRETO

INGREDIENTES PARA 30 UNIDADES PEQUENAS

250 g de sementes de girassol sem casca
70 g de inhame descascado e picado
40 ml de molho de soja fermentado naturalmente (shoyu)
3 g de pimenta-dedo-de-moça
farinha para croquete de girassol

MODO DE FAZER

Germinar as sementes de girassol colocando-as de molho na água por quatro horas. Lavar e deixar escorrendo sobre uma peneira por mais quatro horas. Antes de usar, lavar novamente.

Bater as sementes e os temperos no liquidificador com o mínimo de água.

Enrolar, passar na farinha para croquete de girassol e colocar para desidratar por duas horas. Virar e deixar mais uma hora ou até que forme uma crosta bem crocante.

Sugestão: Servir com mostardas variadas.

FARINHA PARA CROQUETE DE GIRASSOL

200 g de gergelim-preto
18 g de nibs* de cacau orgânico

* Amêndoas do cacau sem a pele e em pedaços.

MODO DE FAZER

Germinar as sementes de gergelim colocando-as de molho na água por quatro horas. Lavar e deixar sobre uma peneira por mais quatro horas. Depois, lavar novamente e colocar no desidratador para secar bem.

Triturar os nibs de cacau no liquidificador com a hélice plana. Juntar as sementes de gergelim e triturar sem aquecer demais, para não liberar o óleo das sementes.

FORMINHA DE CENTEIO

INGREDIENTES PARA 12 FORMINHAS

180 g de centeio
80 g de tomate orgânico maduro
50 g de cebola
120 g de inhame picado
4 g de cominho moído
2 g de sal marinho
20 g de farinha de mandioca

MODO DE FAZER

Germinar as sementes de centeio de molho na água por oito horas. Lavar três vezes sobre uma peneira e deixar por oito horas. Bater no liquidificador todos os ingredientes. Enformar utilizando um pedaço de tecido para que não grude na fôrma. Colocar no desidratador por seis horas a 42 °C. Desenformar, virar de cabeça para baixo e colocar para desidratar por mais duas horas ou até que esteja bem seca.

Pode ser guardada em um pote de vidro bem fechado por duas semanas.

GRANOLA

INGREDIENTES PARA 500 G

50 g de linhaça-marrom
50 g de tâmara em pasta
100 ml de água filtrada
40 g de castanha-do-brasil hidratada, desidratada e picada*
40 g de castanha-de-caju hidratada, desidratada e picada*
2,5 g de canela em pó
0,75 g de sal do Himalaia
70 g de passas pretas
70 g de sementes de girassol sem casca, germinadas e desidratadas
90 g de maçã desidratada e picada
90 g de aveia germinada, desidratada e transformada em farinha**

*As castanhas e as nozes têm um quê de picante que suaviza quando são hidratadas. Ficam mais saborosas e mais fáceis de ser digeridas. A temperatura do desidratador, que não passa de 42 ºC, não é suficiente para modificar o óleo contido nas sementes.
** Para transformar a aveia desidratada em farinha, basta pulsar rapidamente no liquidificador.

MODO DE FAZER

Lavar bem a linhaça. Colocá-la para germinar na geladeira por cinco horas em água filtrada. Misturar a linhaça com a pasta de tâmara e abrir a massa com cerca de 3 mm de altura. Colocar para desidratar sobre uma folha de teflex até poder virá-la (mais ou menos duas horas). Deixar mais duas horas ou até que esteja bem crocante, para poder quebrar em pequenos pedacinhos. Misturar os outros ingredientes e guardar num vidro bem fechado por duas semanas.

Gosto de fazer minha própria granola, sabendo que as sementes estão bem lavadas e germinadas e que os produtos são da melhor qualidade. Banana amassada com mel e granola, ou um purê de frutas com granola, é sempre uma boa opção para uma refeição rápida. Mas também costumo usá-la sobre saladas, para decorar uma sopa, engrossar um mingau e, principalmente, para ter sempre à mão quando saio e não sei o que vou encontrar para comer. É um ótimo curinga!

MADELEINE DE AMÊNDOA COM ALHO-PORÓ

INGREDIENTES PARA 45 UNIDADES
350 g de amêndoa
300 g de coco fresco ralado
250 ml de água filtrada
30 g de alho-poró
15 ml de suco de limão
2 g de sal marinho

MODO DE FAZER
Hidratar a amêndoa por três horas e descascar.

Bater a amêndoa com a água, o sal, o limão e o alho-poró. Adicionar o coco, misturar e modelar as madeleines usando duas colheres.

Colocar no desidratador por quatro horas e meia a 42 °C e servir acompanhadas de salada verde.

MASSA PARA EMPADINHA

INGREDIENTES PARA OITO UNIDADES
300 g de grão-de-bico
50 g de cenoura
25 g de pimenta-dedo-de-moça sem as sementes
10 g de folhas de aipo picada
10 g de sal marinho
8 g de alho picado

MODO DE FAZER
Colocar o grão-de-bico por oito horas de molho na água para germinar. Lavar e deixar sobre uma peneira por mais oito horas.

Colocar todos os ingredientes no liquidificador e bater usando a cenoura como pilão*. Quando estiver bem batido, acrescentar a cenoura.

»

» Enformar utilizando um pedaço de tecido para que não grude na fôrma.

Desenformar com cuidado e colocar no desidratador a 42 °C até que esteja crocante (aproximadamente seis horas).

* Se seu liquidificador for bastante potente e não houver necessidade de usar a cenoura como pilão, pique-a e bata-a com o grão-de-bico.

RECHEIO

O recheio pode ser uma saladinha, guacamole ou algo que sua imaginação inventar.

PALHA DE BATATA-BAROA COM CURRY

INGREDIENTES PARA UMA PORÇÃO

150 g de batata-baroa (ou mandioquinha) ralada
1,5 g de curry
1,5 g de sal marinho

MODO DE FAZER

Misturar todos os ingredientes. Colocar no desidratador a 42 °C até que a mistura esteja bem crocante.

Todas as raízes transformam-se em ótimas farinhas ou palhas para acompanhar saladas ou decorar pratos. A batata-baroa é a minha favorita.

FERMENTADOS

KIMCHI

INGREDIENTES PARA 3 POTES DE 500 G

1 l de água filtrada
1 kg de couve-chinesa (acelga)
400 g de nabo-japonês
300 g de cenoura em fios
250 g de maçã sem sementes
180 g de cebola
80 g de sal marinho
70 g de cebolinha
15 g de alho em lâminas
15 g de gengibre
3 g de chili em pó

* Esta receita pode ser guardada em potes ou montada como apresentado na foto.

O kimchi é um fermentado tradicional da culinária coreana, assim como o chucrute da culinária alemã. São alimentos que facilitam o processo de digestão e a assimilação dos nutrientes. Podem ser servidos puros, como ingredientes ou acompanhamento de outros pratos.

MODO DE FAZER

Cortar a couve-chinesa em 8 fatias no sentido longitudinal e deixar numa salmoura (1 l de água e 80 g de sal) por quatro horas. Virar de hora em hora. Retirar as folhas da salmoura, espremendo-as bem para remover o máximo de água.

Colocá-las em uma tigela e adicionar o alho em lâminas finas, o nabo e a cenoura cortados em rodelas de 4 mm, a cebola cortada em oito partes na vertical, a cebolinha cortada na diagonal em pedaços de 4 cm e o gengibre bem picado.

Bater no liquidificador a maçã e o chili e colocar na tigela com os legumes. Misturar bem e arrumar em um pote em que os legumes possam ser prensados para que fiquem submersos no líquido que vai se formar no processo de fermentação. Deixar em temperatura ambiente por três dias e guardar* na geladeira.

BERINJELA FERMENTADA

INGREDIENTES PARA 300 G

300 g de berinjela
30 ml de azeite extravirgem
30 ml de molho de soja fermentado naturalmente (shoyu)
10 g de grãos de mostarda
5 g de alho
2 g de sal marinho

MODO DE FAZER

Descascar e cortar a berinjela em palitos finos.

Espremer com as mãos para extrair um pouco de líquido.

Colocar em um vidro, apertando bem para retirar todo ar.

Colocar um peso sobre a berinjela para que fique submersa em seu próprio líquido.

Deixar fermentar fora da geladeira por 24 a 48 horas (o tempo dependerá da temperatura ambiente).

Colocar os grãos de mostarda de molho na água por oito horas. Lavar e deixar sobre uma peneira por mais oito horas.

Temperar a berinjela com a mostarda, o alho, o sal, o azeite e o shoyu.

Deixar pelo menos um dia na geladeira para pegar gosto e servir como canapé ou como acompanhamento.

QUEIJO CREMOSO DE AMENDOIM COM ALECRIM

INGREDIENTES PARA 400 G

500 g de amendoim elefante
125 ml de rejuvelac (ver receita na p. 72)
100 g de alho-poró
3 g de sal marinho
7 g de alecrim fresco picado
15 ml de suco de limão
10 g de gengibre em pó
200 g de cenoura

MODO DE FAZER

Lavar o amendoim três vezes e deixar de molho em água filtrada por oito horas. Lavar novamente e deixar sobre uma peneira por mais oito horas. Descascar antes de usar.

Bater no liquidificador o amendoim e o rejuvelac, usando a cenoura como pilão para dar cor.

Deixar fermentar por 24 horas em temperatura ambiente.

Temperar com o sal, o limão, o alho-poró, o alecrim e o gengibre.

Dar forma e colocar no desidratador a 42 °C até que esteja firme dos dois lados (em torno de quatro a seis horas de cada lado).

QUEIJO DE GIRASSOL

INGREDIENTES PARA DUAS UNIDADES

500 g de sementes de girassol

175 ml de rejuvelac
  (ver receita na p. 72)

50 ml de molho de soja fermentado
  naturalmente (shoyu)

5 g de pimenta-dedo-de-moça

MODO DE FAZER

Colocar as sementes de girassol de molho na água por quatro horas. Lavar e deixar sobre uma peneira por mais quatro horas.

Bater no liquidificador com o rejuvelac e deixar fermentar por 12 horas (num dia frio, pode levar mais tempo).

Temperar com o shoyu e a pimenta, mexer bem, dar forma e colocar no desidratador a 42 °C até que esteja firme dos dois lados (em torno de quatro a seis horas de cada lado).

REJUVELAC DE REPOLHO

INGREDIENTES PARA 1 L
500 g de repolho-verde ou roxo
1 ½ l de água filtrada

MODO DE FAZER
Picar o repolho, colocar em uma jarra de vidro e cobrir com a água.

Colocar um peso de vidro sobre o repolho para que fique submerso. Cobrir o vidro com um pano e prender com elástico para que fique arejado e protegido de insetos. Deixar por dois a três dias fora da geladeira para fermentar. Coar e guardar o líquido na geladeira em uma garrafa de vidro por uma semana.

REPOLHO FERMENTADO (CHUCRUTE)

Rejuvelac é o nome dado a uma bebida fermentada a partir dos micro-organismos presentes no próprio alimento.
O repolho é o fermentado mais conhecido, por seu sabor extremamente agradável. Segundo a cientista química Conceição Trucom, para ter sucesso e produzir alimentos fermentados saudáveis à saúde humana, o processo de fermentação precisa de alguns cuidados e controles.
O primeiro cuidado é com a higienização do alimento e de todo o material utilizado no processo.
Por ser um alimento vivo, sofre influência do meio onde está sendo processado.
Por isso, num dia quente, o processo será mais acelerado que num dia frio.
Mas o principal cuidado é com o que conhecemos como análise organoléptica, aquela feita por nossos sentidos.
Sabemos que um fermentado deu certo quando o observamos e constatamos que a cor, o aroma e o sabor são atraentes (TRUCOM, 2012).

INGREDIENTES PARA QUATRO PORÇÕES
500 g de repolho-verde

MODO DE FAZER
Separar algumas folhas externas do repolho antes de picá-lo.

Picar o repolho bem fino e colocar num vidro, apertando bem para não deixar espaços vazios. Preencher o vidro até a boca, arrematar com as folhas inteiras e tampar.

Deixar o vidro fora da geladeira para fermentar. O tempo de fermentação varia de acordo com a temperatura ambiente. Sabemos que está pronto quando pequenas bolhas se movimentam dentro do vidro e o repolho se torna mais transparente. Se o tempo estiver quente, a fermentação pode ficar pronta em um dia.

Servir em saladas ou como acompanhamento.

Também pode ser usado repolho-roxo, de preferência orgânico.

RICOTA DE AMÊNDOA COM ALHO-PORÓ

INGREDIENTES PARA SEIS UNIDADES PEQUENAS

500 g de amêndoas
250 ml de rejuvelac
  (ver receita na p. 72)
220 g de couve-flor
45 g de alho-poró
3,5 g de sal marinho

MODO DE FAZER

Colocar a amêndoa de molho na água por oito horas e, depois, por mais oito horas sobre uma peneira. Descascar. Misturar no processador a amêndoa, a couve-flor, o alho-poró e o sal. Deixar fermentar em temperatura ambiente por 24 horas. Provar o sal e servir. Para que fique com a consistência de um queijo, colocar no desidratador a 42 °C por algumas horas.

TABULE FERMENTADO DE REPOLHO-‑ROXO

INGREDIENTES PARA DUAS PORÇÕES

300 g de repolho-roxo fatiado bem fino
200 ml de rejuvelac (ver receita na p. 72)
150 g de trigo para quibe
40 g de ameixa-preta seca sem caroço e fatiada
30 ml de azeite extravirgem
30 ml de suco de limão
5,5 g de sal com pimenta fresca
3 g de gergelim-preto
2 g de erva-doce turca hidratada

MODO DE FAZER

Lavar bem o gergelim e deixar de molho em água filtrada por quatro horas. Lavar bem novamente e deixar sobre uma peneira por mais quatro horas. Depois disso, lavar mais uma vez e reservar.

Colocar o trigo em uma tigela pequena e cobrir com o rejuvelac para hidratar por duas horas.

Temperar o repolho com o limão e o sal, apertar bem com as mãos e deixar marinar por duas horas. Juntar com os outros ingredientes, provar os temperos e servir com folhas verde-escuras.

LIQUEFEITOS

MOLHOS

MAIONESE DE ASSA-FÉTIDA

INGREDIENTES PARA 100 ML

70 g de gergelim-branco germinado
30 ml de água filtrada
30 ml de azeite extravirgem
10 g de salsa fresca
1,5 g de sal marinho com pimenta
3 g de assa-fétida (*asafoetida*)
5 ml de suco de limão

MODO DE FAZER

Colocar todos os ingredientes no miniprocessador e bater até obter uma mistura consistente e lisa.

MAIONESE VERDE

INGREDIENTES

150 g de abobrinha com casca
30 g de limão sem casca
1,5 g de sal marinho
45 ml de azeite extravirgem
30 g de amêndoa sem casca germinada
10 g de folhas novas de aipo
  (ou qualquer outra erva)

MODO DE FAZER

Colocar todos os ingredientes no miniprocessador e bater até obter uma mistura bem lisa.

MOLHO DE IOGURTE

INGREDIENTES PARA 280 ML

250 ml de iogurte de coco
15 ml de limão
15 ml de azeite extravirgem
1,5 g de sal marinho

MODO DE FAZER

Colocar todos os ingredientes no miniprocessador e bater até obter uma mistura lisa.

IOGURTE DE COCO

250 ml de rejuvelac
 (ver receita na p. 72)
200 g de polpa de coco-verde

MODO DE FAZER

Bater no liquidificador todos os ingredientes e deixar a mistura por 24 horas em temperatura ambiente, coberta por um pano.

MOLHO DE TOMATE SECO

INGREDIENTES PARA 100 ML

40 g de tomate seco
60 ml de água filtrada
15 ml de suco de limão
8 ml de molho de soja fermentado
 naturalmente (shoyu)
10 ml de azeite extravirgem

MODO DE FAZER

Reidratar o tomate seco na água filtrada por uma hora.

Bater no miniprocessador todos os ingredientes (inclusive a água em que o tomate ficou de molho) e servir.

MOLHO DE PIMENTÃO- -VERMELHO

INGREDIENTES PARA 100 ML

150 g de pimentão-vermelho bem maduro
6 g de alho bem picado
1,5 g de sal marinho
2,5 ml de óleo de coco
2,5 ml de vinagre balsâmico
1 g de pimenta-dedo-de-moça

MODO DE FAZER

Bater no miniprocessador todos os ingredientes e servir.

PASTAS

CHUTNEY DE AMEIXA

INGREDIENTES PARA 160 G

80 g de ameixa-preta seca hidratada
60 ml de água de coco
4 g de pimenta-dedo-de-moça picada
15 ml de suco de limão
1,5 g de sal marinho
15 g de ameixa-preta seca picada

*Todo chutney pode ser usado para acompanhar ou compor receitas.

MODO DE FAZER

Bater no miniprocessador todos os ingredientes, menos a ameixa e a pimenta picadas, que devem ser cortadas bem finas. Misturar a ameixa e a pimenta picadas ao creme e servir.

Pode ser guardado por duas semanas na geladeira.*

CHUTNEY DE BETERRABA

INGREDIENTES PARA 200 G

150 g de beterraba ralada como palito fino
30 ml de azeite extravirgem
15 g de hortelã picada
15 ml de suco de limão
12 g de pimentão-vermelho picado em tiras bem finas
12 g de ameixa seca picada
10 g de gergelim-preto germinado
10 g de vinagre com ervas da Provença
1 g de sal marinho
0,70 g de pimenta-dedo-de-moça fresca bem picada

MODO DE FAZER

Misturar todos os ingredientes dois dias antes de usar, para apurar o sabor. Pode ser guardado na geladeira por duas a três semanas.

CHUTNEY DE DAMASCO

INGREDIENTES PARA 200 G

160 g de damasco seco
4 g de gengibre ralado
4 g de erva-doce hidratada
0,35 g de sal marinho
60 ml de água

MODO DE FAZER

Cortar o damasco em tiras finas e deixar de molho por duas horas. Bater a metade rapidamente no miniprocessador e depois misturar com a outra metade e os ingredientes restantes. Fica mais gostoso depois de dois dias na geladeira. Pode ser guardado por duas semanas.

GUACAMOLE

INGREDIENTES PARA 12 PORÇÕES

700 g de abacate
15 ml de suco de limão
1,5 g de sal marinho
15 ml de azeite extravirgem
1,5 ml de suco de gengibre
1 g de pimenta-dedo-de-moça picada
20 g de cebola-roxa cortada em cubos
50 g de tomate sem sementes cortado em cubos

MODO DE FAZER

Picar* o abacate e misturar os outros ingredientes. Provar o sal e servir sobre fatias de abobrinhas 5 mm ou 6 mm de espessura.

Pode-se variar colocando um pequeno dente de alho no lugar da cebola.

Decorar com folhinhas de manjericão.

*É mais comum amassar o abacate.

Do guacamole mexicano original, ficaram o nome e o abacate como ingrediente principal. No Brasil, chamamos de guacamole qualquer abacate amassado com temperos. Esse purê de abacate pode ser usado para acompanhar saladas, como recheio ou como pasta para cobrir biscoitos ou rodelas de vegetais.

HOMMUS

INGREDIENTES PARA 600 G

200 g de grão-de-bico
200 g de polpa de coco-verde
150 g de inhame descascado
8 g de alho
60 ml de suco de limão
3 g de sal marinho
2 g de pimenta-dedo-de-moça
15 g de salsa picada
30 ml de azeite extravirgem
1 cenoura grande para usar como pilão

MODO DE FAZER

Colocar o grão-de-bico de molho na água por oito horas.

Lavar bem e deixar sobre uma peneira por outras oito horas. Lavar de novo.

Colocar o grão-de-bico, a polpa de coco, o inhame, o alho, a pimenta, o suco de limão, uma colher de sopa de azeite e o sal no liquidificador e, usando a cenoura como pilão, transformar em pasta. Se possível, não usar nenhum líquido para bater.

Lavar a salsa e secar bem antes de picar. Salpicar por cima da pasta e regar com um fio de azeite.

PASTA DE ABÓBORA

INGREDIENTES PARA 300 G

150 g de abóbora picada
   (pode ser a japonesa)
100 g de polpa de coco-verde
45 ml de suco de limão
28 g de castanha-de-caju hidratada
12 g de pimentão-vermelho cortado
   em tiras
2 g de sal marinho
2 g de folhas de tomilho fresco
1 g de chili em pó
0,5 g de raiz-forte
raspas de limão

MODO DE FAZER

Hidratar a castanha-de-caju por duas horas.

Bater no liquidificador a abóbora, a polpa de coco, o suco de limão, a castanha, o sal, o chili e a raiz-forte.

Juntar o pimentão e as raspas de limão. Misturar tudo e acrescentar as folhas de tomilho.

Se precisar, use farinha de mandioca crua para engrossar. Servir com rodelas de abobrinha cruas ou crackers.

PASTA DE SEMENTES DE GIRASSOL

Gosto de usar sementes de girassol germinadas em minha alimentação. Além de serem muito saborosas, sua textura fica maravilhosa tanto na forma de cremes como na de queijos ou patês. Esta pastinha também pode ser usada para rechear tomates ou acompanhar saladas.

INGREDIENTES PARA 100 G

50 g de sementes de girassol germinadas
2 tomates secos a 42 °C
30 ml de azeite aromatizado com orégano
30 ml de molho de soja fermentado naturalmente (shoyu)
2 g de orégano fresco picado
0,80 g de sal marinho
3 g de pimenta-dedo-de-moça

MODO DE FAZER

Bater no liquidificador as sementes de girassol germinadas com os temperos, exceto o orégano fresco.

Misturar as folhas de orégano e verificar o sal. Enformar (em fôrma de silicone) e colocar para desidratar por três horas. Desenformar, deixar mais duas horas e servir em temperatura ambiente com crackers ou rodelas de abobrinha ou cenoura.

SOPAS

GASPACHO BRANCO

INGREDIENTES PARA QUATRO PORÇÕES

500 g de pepino descascado e sem sementes (reservar o miolo)
250 g de abacate cortado em cubos
80 g de linhaça germinada
70 g de tomate sem sementes cortado em cubos
30 ml de suco de limão
30 ml de azeite extravirgem
8 g de coentro picado
1,5 g de sal do Himalaia
0,70 g de assa-fétida
0,70 g de pimenta-dedo-de-moça picada
0,35 g de alho esmagado
folhas de coentro

MODO DE FAZER

Passar o miolo do pepino em uma peneira de pano nº 2 (ver p. 23). Bater o pepino sem sementes com o suco obtido, 15 ml do limão, a pimenta, a assa-fétida e o sal.

Reservar 50 g de abacate e bater o restante com o creme.

Misturar o abacate reservado com o coentro picado, o restante do limão (15 ml), o alho e o sal. Misturar com cuidado para não desmanchar.

Colocar a linhaça germinada em um prato fundo e adicionar o creme. Arrumar a mistura de abacate no centro, salpicar com a pimenta picada, regar com um fio de azeite e ornamentar com o tomate e algumas folhas de coentro.

GRAMA DE TRIGO, SÁLVIA E MAÇÃ

A sálvia é uma erva aromática muito usada pelos povos do Mediterrâneo. Por ter uma personalidade forte, deve ser empregada com delicadeza. É divina para aromatizar molhos.

INGREDIENTES PARA DUAS PORÇÕES

600 g de maçã orgânica
200 g de mamão cortado em cubos
150 ml de rejuvelac
   (ver receita na p. 72)
80 g de grama de trigo
15 g de gergelim-preto
25 g de pimentão-vermelho desidratado
8 g de alga dulse desidratada e picada
2 a 3 folhas pequenas de sálvia

MODO DE FAZER

Colocar o gergelim de molho na água à noite. Lavar pela manhã e deixar sobre uma peneira por três horas antes de usar.

Extrair o sumo da grama de trigo e da sálvia num extrator manual. Bater no miniprocessador a maçã (com casca e sem sementes) e o rejuvelac.

Adicionar os sumos e colocar a sopa num prato fundo. Decorar com o mamão, o pimentão, o gergelim e a alga.

SOPA DE ABÓBORA--JAPONESA

INGREDIENTES PARA 300 ML

150 g de abóbora-japonesa
40 g de inhame
150 ml de água de coco
4 g de alho espremido
0,70 g de pimenta-dedo-de-moça espremida
30 ml de azeite extravirgem
2 g de sal de aipo
40 g de sementes de girassol germinadas
30 g de tomate cortado em tiras

GUARNIÇÃO

azeite extravirgem
folhas de rúcula
sal marinho
suco de limão
tomates-cereja

MODO DE FAZER

Bater a abóbora com os outros ingredientes para a sopa, adicionando a água de coco necessária para obter um caldo espesso. No fundo dos pratos, colocar algumas tiras de tomate e sementes de girassol germinadas. Amornar a sopa e colocar nos pratos, sobre o tomate e as sementes.

Temperar as folhas de rúcula com azeite extravirgem, suco de limão e sal marinho.

Guarnecer a sopa com a salada de rúcula e os tomates-cereja.

Esta sopa, por ser untuosa e bem temperada, é ótima para satisfazer o desejo por um prato quente. Sempre é bom lembrar que quente, para um crudívoro, é a temperatura que a mão aguenta, em torno de 42 ºC. Para manter a temperatura por mais tempo, aqueça o prato antes de servir.

SOPA DE AIPO

INGREDIENTES PARA 350 ML
250 ml de água de coco
100 g de aipo cortado em cubos
70 g de abobrinha
30 ml de azeite extravirgem
15 ml de suco de limão
2 g de sal marinho com pimenta

COMPLEMENTOS
castanha-do-brasil ralada
folhas de broto de girassol
gotas de cebola balsâmica
sementes de gergelim germinadas
tiras de repolho-roxo

ATENÇÃO
Seis horas antes de iniciar a confecção do prato, colocar uma colher de sopa de sementes de gergelim na água. Três horas antes, lavar e deixar sobre uma peneira até a hora de usar.

MODO DE FAZER
Bater no liquidificador os ingredientes para a sopa.

Colocar nos pratos e decorar com os complementos.

SOPA DE ASPARGOS

INGREDIENTES PARA 150 ML
150 g de aspargo fresco
180 ml de água de coco
50 g de abacate
5 ml de suco de limão
15 ml de azeite extravirgem
1,5 g de sal de aipo
5 ml de molho de soja fermentado naturalmente (shoyu)

COMPLEMENTOS
4 pontas de aspargo laminadas
1,5 g de endro em salmoura
20 g de amendoim germinado e picado
12 ml de azeite extravirgem
azeite aromatizado com salsa para decorar

ATENÇÃO
Um dia antes, de manhã, colocar as sementes de amendoim na água.
À noite, lavar e deixar sobre uma peneira.
No dia seguinte, lavar, descascar e reservar.

MODO DE FAZER
Bater no liquidificador os ingredientes para a sopa e colocar no prato.

Temperar as pontas de aspargo laminadas com o azeite e o endro e deixar marinar por uma hora.

Decorar a sopa com o azeite aromatizado com salsa e os amendoins.

SOPA DE BETERRABA

INGREDIENTES PARA 350 ML

250 ml de água de coco

150 g de abobrinha

100 g de beterraba

15 ml de azeite extravirgem

12 g de linhaça germinada

8 ml de molho de soja fermentado naturalmente (shoyu)

2 g de sumak*

1,5 g de flor de sal com pimenta fresca

0,60 g de cravo em pó

0,70 g de pimenta-dedo-de-moça fresca

*Sumak, também conhecida como sumagre, é uma especiaria muito utilizada na culinária do Oriente Médio.

CREME DE COCO

130 ml de água de coco

100 g de polpa de coco-verde

50 g de inhame

5 ml de vinagre de maçã

1 grama de sal de aipo

MODO DE FAZER

Bater no miniprocessador os ingredientes para o creme de coco.

Bater no liquidificador os ingredientes para a sopa.

Decorar a sopa com o creme de coco.

SOPA DE COUVE-FLOR COM CEBOLA BALSÂMICA

INGREDIENTES PARA 350 ML
300 g de couve-flor picada
300 ml de água filtrada
30 ml de azeite extravirgem
30 ml de limão-siciliano
20 g de maçã-verde desidratada
1,80 g de sal do Himalaia
pimenta fresca a gosto

COMPLEMENTOS
20 g de sementes de girassol sem casca
8 folhas do coração da chicória
30 ml de azeite extravirgem cebola balsâmica

MODO DE FAZER
Preparar a cebola balsâmica com antecedência.

Germinar as sementes de girassol colocando-as na água por oito horas. Lavar bem e deixar sobre uma peneira por quatro horas.

Bater no liquidificador todos os ingredientes da sopa, com exceção dos complementos.

Decorar com as folhas de chicória, a cebola balsâmica, as sementes de girassol e regar com um fio de azeite.

CEBOLA BALSÂMICA
120 g de cebola-roxa cortada em rodelas de 8 mm
60 ml de vinagre balsâmico
20 ml de azeite extravirgem
sal marinho com pimenta-dedo-de-moça fresca

MODO DE FAZER
Usar as rodelas centrais ou cebolinhas pequenas para obter pequenos círculos. Temperar e deixar marinar por duas horas em temperatura ambiente.

Colocar para desidratar por duas horas e meia a 42 °C.

SOPA COM LIMA-DA-PÉRSIA, PASSAS E RÚCULA

INGREDIENTES PARA UMA PORÇÃO
150 g de maçã orgânica
80 ml de rejuvelac (ver receita na p. 72)
40 g de grama de trigo
40 g de linhaça
30 g de passas pretas hidratadas
15 g de aipo
10 g de rúcula picada
1 lima-da-pérsia

MODO DE FAZER
Colocar a linhaça para germinar por uma noite.

Extrair o sumo da grama de trigo e do aipo com um extrator manual.

Bater no miniprocessador a maçã com casca e sem sementes, a linhaça e o rejuvelac. Misturar os sumos.

Colocar a sopa num prato fundo. Decorar com os gomos da lima-da-pérsia, a rúcula e as passas hidratadas.

Sopas energéticas podem ser feitas com qualquer folha verde como base. Quando tenho uma horta por perto, gosto de escolher folhas verdes variadas, com fibras macias e formas bem diversas. Depois, quando a sopa está pronta, é uma delícia identificar os sabores e as informações que consigo captar de cada uma.

SOPA
DE TOMATE

INGREDIENTES PARA 400 ML
125 ml de água de coco
120 g de tomate bem maduro
80 g de maçã descascada e sem sementes
40 g de pimentão-vermelho bem maduro
30 g de haste de aipo sem fios
15 ml de azeite extravirgem
1,5 g de sal com pimenta
5 g de alho pequeno
2 ml de óleo de coco
0,35 g de pimenta fresca

COMPLEMENTOS
35 g de sementes de girassol
4 pontas de aspargos laminadas
15 ml de azeite aromatizado com salsa
2 g de endro em salmoura

ATENÇÃO
Um dia antes, de manhã, colocar as sementes de girassol de molho na água. Lavar e deixar sobre uma peneira durante a noite.
De manhã, lavar novamente e usar.

MODO DE FAZER
Bater todos os ingredientes para a sopa no liquidificador.

Passar em uma peneira e arrumar no prato.

Temperar as pontas de aspargos com azeite, limão e sal e arrumar sobre a sopa.

Decorar com algumas gotas de azeite aromatizado com salsa, as sementes de girassol e o endro.

SUCOS

LEITE DE AMÊNDOA COM PASSAS

INGREDIENTES PARA 1 L

220 g de amêndoa hidratada por três horas
1 l de água filtrada e gelada
35 g de passas brancas hidratadas
2,5 ml de extrato de baunilha

MODO DE FAZER

Bater no liquidificador a amêndoa e a água. Espremer numa peneira de pano nº 1 (ver p. 23).

Adicionar a baunilha e as passas e bater novamente até obter um leite cremoso e sem grumos.

Servir puro ou batido com frutas.

LEITE DE CASTANHA-‐DO-‐BRASIL

INGREDIENTES PARA QUATRO PORÇÕES

1 l de água de coco
150 g de castanha-do-brasil hidratada por duas horas
35 g de tâmaras hidratadas para adoçar
2,5 ml de extrato de baunilha

MODO DE FAZER

Bater bem no liquidificador as castanhas com a água de coco e espremer na peneira de pano nº 1 (ver p. 23).

Adicionar a baunilha e a tâmara e bater até obter uma mistura bem lisa.

Servir puro ou batido com frutas.

NÉCTAR DE ABACAXI COM GIRASSOL

INGREDIENTES PARA 350 ML

160 g de abacaxi maduro
250 ml de água de coco
5 g de gengibre
15 ml de suco de limão
60 g de sementes de girassol

MODO DE FAZER

Colocar as sementes de girassol de molho na água por quatro horas para germinar. Lavar bem e deixar sobre uma peneira por mais quatro horas. Lavar novamente, bater no liquidificador com os outros ingredientes e passar em uma peneira nº 2 (ver p. 23).

SHAKE DE BANANA

INGREDIENTES PARA 350 ML

200 ml de água de coco bem gelada
200 g de bananas-d'água bem maduras
15 g tâmaras
12 g de castanha-do-brasil hidratada por três horas
1 semente de cardamomo sem casca

MODO DE FAZER

Bater no liquidificador todos os ingredientes e servir.

SHAKE DE MANGA

INGREDIENTES PARA 350 ML

200 g de manga palmer
25 g de damasco seco hidratado por duas horas
250 ml de água de coco
15 g de linhaça germinada

MODO DE FAZER

Germinar a linhaça. Descascar a manga e cortar em pedaços.

Bater no liquidificador a manga com a água de coco e o damasco.

Colocar as sementes de linhaça germinadas no fundo do copo e acrescentar o shake. Decorar com um broto de girassol.

SUCO DE BETERRABA E LINHAÇA

INGREDIENTES PARA 250 ML

200 g de maçã orgânica
100 g de inhame descascado
125 ml de água de coco
50 g de beterraba
30 g de linhaça
15 ml de suco de limão
3 g de gengibre ralado
0,30 g de cravo em pó

MODO DE FAZER

Lavar bem e colocar a linhaça de molho na água por uma noite na geladeira.

Bater no liquidificador a maçã (sem sementes).

Adicionar os outros ingredientes e bater bem. Espremer na peneira de pano nº 1 (ver p. 23) e servir.

SUCO DE CLOROFILA COM ABACATE

INGREDIENTES PARA 300 ML

50 g de grama de trigo (12 cm x 18 cm)
200 ml de água de coco
50 g de sementes de girassol germinadas
100 g de abacate
35 g de passas brancas hidratadas

MODO DE FAZER

Bater no liquidificador a água de coco, a grama de trigo e as sementes de girassol germinadas.

Passar em uma peneira de pano nº 1 (ver p. 23). Bater no liquidificador o líquido obtido com o abacate e as passas e servir.

SUCO DE CLOROFILA COM GENGIBRE

INGREDIENTES PARA 250 ML

350 g de maçã
30 ml de suco de grama de trigo
50 g de sementes de girassol
25 g de folhas de babosa sem casca e sem espinhos*
3 g de gengibre descascado

* Se for colher a folha da babosa para fazer o suco, lembrar de deixar escorrer na vertical para que saia todo o gel amarelo, a *aloína*, antes de usar.

MODO DE FAZER

Colocar as sementes de girassol de molho na água por quatro horas, para germinar. Lavar bem e deixar sobre uma peneira por mais quatro horas. Antes de usar, lavar novamente.

Bater a maçã com casca e sem sementes.

Adicionar os outros ingredientes, bater novamente e espremer na peneira de pano nº 1 (ver p. 23).

Servir.

SUCO DE REPOLHO-ROXO

INGREDIENTES PARA 250 ML

200 g de repolho-roxo
200 g de maçã orgânica
20 g de linhaça
15 ml de suco de limão
15 g de castanha-do-brasil hidratada por três horas
3 g de gengibre descascado

MODO DE FAZER

Lavar bem a linhaça e colocar de molho em água filtrada por oito horas.

Bater no liquidificador a maçã (sem sementes) e adicionar os outros ingredientes.

Depois de bater bem, espremer na peneira de pano nº 1 (ver p. 23) e servir.

SUCO VERDE

INGREDIENTES PARA 150 ML

200 g de maçã picada
60 g de chicória verde-escura
50 g de sementes de girassol
50 g de cenoura picada
50 g de abóbora picada com casca e sementes
30 g de couve sem os talos
30 g de hortelã com os talos
3 g de gengibre

MODO DE FAZER

Colocar as sementes de girassol de molho na água por quatro horas, para germinar. Lavar bem e deixar sobre uma peneira por mais quatro horas. Antes de usar, lavar bem novamente.

Bater no liquidificador a maçã (sem sementes). Adicionar os outros ingredientes e passar em uma peneira de pano nº 1 (ver p. 23) antes de servir.

SUCO DE ABÓBORA COM GIRASSOL

INGREDIENTES PARA 250 ML

200 g de abóbora bem madura
200 g de maçã orgânica
30 g de sementes de girassol sem casca
½ limão espremido
7 g de gengibre
0,30 g de sal marinho
1 ml de óleo de coco

MODO DE FAZER

Colocar as sementes de girassol de molho na água por quatro horas, para germinar. Lavar bem e deixar sobre uma peneira por mais quatro horas. Antes de usar, lavar bem mais uma vez.

Bater no liquidificador a abóbora, a maçã e o gengibre. Passar em uma peneira de pano nº 1 (ver p. 23).

Bater no liquidificador esse líquido obtido com o girassol, o limão, o sal e o óleo de coco.

VITAMINA DE MAMÃO COM MANJERICÃO

INGREDIENTES PARA 1 L

220 g de castanha-do-brasil hidratada por seis horas
750 ml de água de coco
500 ml de mamão descascado e cortado em cubos
10 g de folhas de manjericão

MODO DE FAZER

Descartar a água em que as castanhas ficaram de molho e lavá-las bem.

Bater no liquidificador as castanhas e a água de coco.

Passar em uma peneira de pano nº 1 (ver p. 23). Acrescentar o mamão e o manjericão ao leite obtido e bater novamente até obter um creme.

PROCESSOS MISTOS

ABOBRINHA AO SUGO COM SEMENTES DE GIRASSOL

GERMINAÇÃO · LIQUEFAÇÃO · REIDRATAÇÃO

INGREDIENTES PARA DUAS PORÇÕES

300 g de abobrinha cortada em fatias finas
120 ml de água para hidratar o tomate seco
100 g de tomate fresco sem sementes
40 g de sementes de girassol sem casca
30 g de tomate seco
20 g de mamão maduro
15 ml de azeite
10 g de salsa picada
2,5 ml de suco de limão
1,5 g de assa-fétida
1,5 g de sal marinho
flor de sal
raspas de limão
pimenta-do-reino moída na hora
folhas de manjericão

MODO DE FAZER

Colocar as sementes de girassol de molho na água por quatro horas para germinar. Lavar e deixar sobre uma peneira por mais quatro horas. Depois, lavar mais uma vez e reservar.

Hidratar o tomate seco por duas horas com o mínimo de água. Depois, reservar a metade.

Colocar a outra parte no miniprocessador com a água em que o tomate foi hidratado (se necessário), o mamão, o sal, o azeite, o suco de limão e a assa-fétida. Bater até obter uma mistura lisa, para formar o molho.

Retirar a pele dos tomates restantes e rasgá-los em pedaços. Misturar os pedaços a uma parte do molho de tomate pronto e reservar.

Colocar numa pequena fôrma alternadamente as fatias de abobrinha, o molho de tomate sem os pedaços e as folhas de manjericão. Para finalizar, acrescentar o molho de tomate com os pedaços, as sementes de girassol, a flor de sal, a pimenta-do-reino, as raspas de limão e a salsa.

CANELONE DE FENO-GREGO

GERMINAÇÃO · LIQUEFAÇÃO · CRAFT

INGREDIENTES PARA DUAS PORÇÕES

300 g de abobrinha cortada em fatias finas
200 g de grão-de-bico
100 g cenoura ralada
30 g de agrião
30 ml de suco de limão
30 ml de azeite extravirgem
20 g de chutney de ameixa
10 g de cebolinha picada
15 g de sementes de feno-grego
2 g de curry
Lemon pepper a gosto

Craft = cortar, enrolar, fazer cones

MODO DE FAZER

Colocar as sementes de grão-de-bico e de feno-grego de molho na água por oito horas para germinar. Lavar e deixar sobre uma peneira por mais oito horas. Lavar mais uma vez e retirar a pele. Reservar.

Bater o grão-de-bico, a cenoura, o suco de limão, 30 ml de azeite, a cebolinha picada, as sementes de feno-grego e o curry no processador para formar um creme grosso, que será usado para rechear os canelones.

MONTAGEM

Colocar cinco tiras de abobrinha alinhadas para cada porção sobre uma esteira de silicone. Rechear com o creme e enrolar os canelones.

Arrumar os canelones sobre um leito de folhas de agrião e enfeitar com uma colher de sobremesa de chutney de ameixa.

Regar com um fio de azeite e moer um pouco de *lemon pepper* sobre cada prato.

CUSCUZ DE ABÓBORA

GERMINAÇÃO · LIQUEFAÇÃO · CRAFT

INGREDIENTES PARA DUAS PORÇÕES

2 colheres de sopa de kimchi picado (ver receita na p. 67)
120 g de farinha de abóbora
15 ml de azeite de dendê
2 ramos de coentro picados
10 ml de suco de limão
40 g de castanha-de-caju hidratada e picada
10 g de sementes de gergelim germinadas
sal a gosto (o kimchi é salgado e picante)

FARINHA DE ABÓBORA

Ralar a abóbora em palitos finos e colocar para desidratar. Tirar do desidratador, depois de bem seca, socar com o pilão para deixar em pedaços menores, sem transformar em farelo.

Pode ser armazenada por 2 meses em recipiente fechado hermeticamente.

MODO DE FAZER

Misturar todos os ingredientes e reservar por 30 minutos para que a farinha fique hidratada.

Enformar o cuscuz e servir acompanhado de salada de folhas verdes.

KONE

GERMINAÇÃO · LIQUEFAÇÃO · CRAFT

INGREDIENTES PARA DUAS PORÇÕES
4 folhas de alga nori desidratadas
6 tomates-cereja cortados em 4
molho para sushi
pasta de amendoim
saladinha colorida

SALADINHA COLORIDA
200 g de cenoura cortada em palitos finos
200 g de abobrinha cortada em palitos finos
25 g de couve picada
30 ml de azeite extravirgem
15 ml de suco de limão
sal a gosto

MODO DE FAZER
Misturar a cenoura, a couve e a abobrinha e temperar com o sal, o azeite e o limão.

Temperar a salada apenas na hora de servir, para que fique crocante.

PASTA DE AMENDOIM
120 g de amendoim descascado
40 g de inhame descascado e picado
10 g de cebolinha cortada em rodelas finas
6 g de alho esmagado
2 g de sal

MODO DE FAZER
Lavar o amendoim três vezes e deixar de molho em água filtrada por oito horas para germinar. Lavar de novo e deixar mais oito horas, sobre uma peneira em temperatura ambiente. Descascar e lavar antes de usar.

Colocar todos os ingredientes no miniprocessador, exceto a cebolinha. Bater de leve sem formar uma pasta muito lisa, mantendo alguns pedaços de amendoim. Misturar a cebolinha picada.

MOLHO PARA SUSHI
60 ml de molho de soja fermentado naturalmente (shoyu)
60 ml de água
6 g de alho pequeno
6 g de gengibre
10 g de gergelim-preto

MODO DE FAZER
Lavar o gergelim três vezes e deixar de molho em água filtrada por quatro horas, para germinar.

»

» Lavar mais uma vez e deixar sobre uma peneira por mais quatro horas em temperatura ambiente. Antes de usar, lavar novamente.

Bater no miniprocessador todos os ingredientes e passar a mistura em uma peneira de pano fina.

MONTAGEM

Cortar a alga em duas partes.
Colocar a pasta de amendoim sobre a alga e a saladinha por cima.
Enrolar em diagonal, formando um kone. Enfeitar com os tomates-cereja. Servir com o molho para sushi e o gergelim germinado.

MIX SELVAGEM

GERMINAÇÃO · LIQUEFAÇÃO · REIDRATAÇÃO · CRAFT

INGREDIENTES PARA DUAS PORÇÕES

170 g de arroz selvagem
50 g de trigo para quibe
50 g de pimentão-vermelho bem maduro picado
15 ml de limão
0,70 g de pimenta-dedo-de-moça
6 g de alho
6 g de gengibre
2,5 ml de mel
1,5 g de sal
15 g de cebolinha picada
2,5 ml de vinagre balsâmico
50 g de tomate cortado em cubos
30 ml de azeite extravirgem
2 folhas de couve cortadas bem finas
Molho de pimentão-vermelho
   (ver receita na p. 81)

»

MODO DE FAZER

Colocar o arroz selvagem de molho na água por 12 horas. Lavar bem e deixar sobre uma peneira por mais 12 horas. Se ainda não estiver macio, lavar novamente e deixar mais tempo até que fique aberto e macio.

Hidratar o trigo para quibe por uma hora antes de usar.

Misturar todos os ingredientes e verificar o sal.

Colocar um pouco do molho de pimentão-vermelho sobre os pratos. Enformar o mix e desenformar sobre o molho. Decorar com as passas hidratadas e a couve.

RAVIÓLI DE BERINJELA

GERMINAÇÃO · LIQUEFAÇÃO · REIDRATAÇÃO · CRAFT

INGREDIENTES PARA DUAS PORÇÕES

250 ml de molho de tomate
80 g de berinjela
80 g de farinha de mandioca com açafrão
60 g de folhas de agrião ou rúcula
30 ml de suco de limão
sal a gosto

MODO DE FAZER

Descascar a berinjela e passar limão para que não fique escura. Cortar em rodelas de 1,5 mm (o cortador fino do mandolim) e colocar rapidamente para marinar com o limão e sal por duas horas.

MOLHO DE TOMATE

50 g de tomate seco reidratado
15 ml de suco de limão
15 g de talos de aipo fresco
6 g de alho
2 g de orégano seco
1,5 g de sal do Himalaia
1 g de pimenta-do-reino moída na hora

MODO DE FAZER

Bater no miniprocessador todos os ingredientes.

RECHEIO

100 g de sementes de centeio
40 g de tomate picado
30 g de cebola picada
1 g de cominho em pó
1 g de sal marinho
20 ml de suco de limão

MODO DE FAZER

Lavar as sementes de centeio três vezes e deixar de molho em água filtrada por oito horas para germinar. Lavar bem novamente e deixar por mais oito horas sobre uma peneira em temperatura ambiente, coberta com um pano. Não lavar. Triturar no processador.

Juntar ao centeio o tomate, a cebola, o cominho, o sal e o limão. Misturar bem.

»

> **MONTAGEM**

Rechear as rodelas de berinjela, dobrando-as ao meio como um ravióli.

Besuntar os raviólis recheados com o molho de tomate e passar na farinha de mandioca. Colocar sobre a folha de teflex e desidratar por 30 minutos de cada lado.

Sugestão: Servir com salada de agrião ou rúcula de sua preferência sobre o molho de tomate.

RISSOLE DE CASTANHA--DE-CAJU

GERMINAÇÃO · LIQUEFAÇÃO · REIDRATAÇÃO

INGREDIENTES PARA DUAS PORÇÕES

300 g de berinjela descascada
creme de castanha-de-caju
80 g de farinha para ravióli
20 ml de maionese de gergelim

MODO DE FAZER

Cortar a berinjela em rodelas finas e besuntar com maionese de gergelim. Deixar marinar por uma hora.

»

MAIONESE DE GERGELIM

60 g de sementes de gergelim-branco germinadas
30 ml de água filtrada
30 ml de azeite extravirgem
5 g de salsa fresca
1,5 g de sal marinho com pimenta
2 g de assa-fétida
7 ml de suco de limão

MODO DE FAZER

Colocar todos os ingredientes no miniprocessador e bater até obter uma mistura consistente e lisa.

CREME DE CASTANHA-DE-CAJU

125 g de castanha-de-caju crua
60 ml de água filtrada (usar o mínimo de água para bater)
15 ml de azeite extravirgem
15 ml de suco de limão
2,5 ml de vinagre balsâmico
0,80 g de sal do Himalaia

MODO DE FAZER

Lavar bem as castanhas-de-caju e hidratar por três horas.
  Bater todos os ingredientes no miniprocessador com o mínimo de água.

FARINHA PARA RAVIOLI

30 g de farinha de trigo-sarraceno germinada e desidratada
2 g de sal grosso com pimenta
5 g de raiz de cúrcuma fresca

MODO DE FAZER

Bater todos os ingredientes no miniprocessador.

MONTAGEM

Rechear com o creme de castanha-de-caju, dobrar e passar na farinha.

Sugestão: Servir com salada verde.

ROLÊ DE BERINJELA COM CENTEIO E BRÓCOLIS

GERMINAÇÃO · LIQUEFAÇÃO · REIDRATAÇÃO · CRAFT

INGREDIENTES PARA DUAS PORÇÕES

200 g de berinjela
10 ml de suco de limão
azeite extravirgem
sal de aipo a gosto
chutney de ameixa ou damasco
brotos de alfafa
tomates-cereja

MODO DE FAZER

Descascar a berinjela e cortar em fatias sobre água com limão para que não fique escura. Escorrer a água, temperar com sal e um fio azeite e deixar marinar por duas horas.

RECHEIO

150 g de sementes de centeio
50 g de flores de brócolis picadas
40 g de tomate cortado em cubos
30 g de cebola picada
15 g de passas brancas
15 ml de suco de limão
15 ml de azeite extravirgem
5 g de curry
2 g de sal marinho
folhas de manjericão
tomates-cereja

MODO DE FAZER

Colocar as sementes de centeio de molho na água por oito horas, para germinar. Lavar bem e deixar sobre uma peneira por mais oito horas. Lavar mais uma vez ainda e triturar no processador formando uma pasta grosseira.

Misturar todos os ingredientes do recheio e deixar apurar o sabor por duas horas.

MONTAGEM

Colocar as fatias de berinjela, uma de cada vez, sobre uma esteira. Espalhar o recheio e fazer os rolinhos. Decorar com brotos de alfafa e tomates-cereja. Regar com um fio de azeite.

Sugestão: Servir acompanhado de salada verde e uma colher do chutney de sua preferência.

SALADA COCRESE

CRAFT

INGREDIENTES PARA UMA PORÇÃO

60 g de tomate maduro cortado em rodelas
150 g de polpa de coco-verde com 3 mm de espessura
15 ml de suco de limão
30 ml de azeite extravirgem
1 pitada de flor de sal
folhas de manjericão

MODO DE FAZER

Montar o prato alternando as rodelas de tomate com a polpa de coco. Polvilhar com sal, colocar algumas gotas de limão e arrematar com um fio de azeite.

Decorar com folhas de manjericão e servir.

SALADA DE AGRIÃO COM MOLHO ORIENTAL

GERMINAÇÃO · LIQUEFAÇÃO · CRAFT

INGREDIENTES PARA QUATRO PORÇÕES
120 g de agrião
150 g de maçã cortada em palitos finos
200 g de cenoura cortada em palitos finos
15 g de gergelim-preto
10 g de gergelim-branco
15 ml de suco de limão

MODO DE FAZER
Colocar o gergelim-preto e o branco de molho na água para germinar por quatro horas. Lavar bem e deixar sobre uma peneira por mais quatro horas. Lavar mais uma vez e reservar.

Deixar a maçã na água com limão para que não escureça.

Lavar bem o agrião e misturar com a maçã. Adicionar metade da cenoura e metade do gergelim e revolver delicadamente. Arrumar em uma saladeira.

MOLHO
1 g de gengibre ralado
20 g de missô claro
2,5 ml de óleo de coco
15 ml de vinagre de maçã
10 ml de mel
5 g de alho picado
30 ml de água filtrada
1 g de pimenta-dedo-de-moça
sal a gosto

MODO DE FAZER
Em uma tigela, misturar os ingredientes do molho. Colocar o molho sobre a salada.

Distribuir por cima a cenoura e o gergelim restantes para decorar.

SALADA FLOR

GERMINAÇÃO · LIQUEFAÇÃO · CRAFT

INGREDIENTES PARA DUAS PORÇÕES

400 g de abobrinha
300 g de abóbora
80 g de inhame
40 g de rúcula
30 ml de suco de limão
15 ml de óleo de coco
15 g de gergelim-preto
12 g de pimentão-vermelho
8 g de alho
8 g de gengibre
2 g de sal marinho
azeite extravirgem
sal de aipo a gosto
vinagre balsâmico aromatizado com laranja

MODO DE FAZER

Colocar o gergelim de molho na água para germinar por quatro horas. Lavar bem e deixar sobre uma peneira por mais quatro horas. Lavar mais uma vez e reservar.

Bater no liquidificador, de preferência sem acrescentar água, a abóbora, o inhame, o alho, o gengibre, o sal e o óleo de coco, formando um creme. Cortar a abobrinha em fatias finas, no sentido do comprimento. Colocar uma quantidade do creme de abóbora no centro de uma fatia, dobrar e arrumar no prato de maneira a formar pétalas de uma flor.

Picar a rúcula e temperar com o sal de aipo, azeite e limão. Colocar uma porção de rúcula no centro da flor e enfeitar com o gergelim germinado e o pimentão-vermelho cortado em cubos.

Colocar um fio de vinagre balsâmico em cada pétala e regar com um fio de azeite toda a salada.

SALADA MIX DE BETERRABA

GERMINAÇÃO · LIQUEFAÇÃO · CRAFT

INGREDIENTES PARA DUAS PORÇÕES

300 g de beterraba
70 g de passas pretas hidratadas
50 g de sementes de girassol sem casca
30 g de farinha de batata-baroa
30 g de cebola-roxa
30 g de azeite virgem
20 g de hortelã picada
15 ml de suco de limão
2 g de sal marinho com pimenta-malagueta

MODO DE FAZER

Colocar as sementes de girassol para germinar dentro de uma tigela com água por quatro horas. Lavar bem e deixar por mais quatro horas sobre uma peneira. Depois disso, lavar novamente.

Ralar a beterraba e cortar a cebola em fatias finas. Misturar e temperar com limão e sal. Deixar marinar por duas horas para suavizar a cebola e amaciar a beterraba. Acrescentar os outros ingredientes na hora de servir.

FARINHA DE CENOURA

500 g de batata-baroa
0,70 g de sal do Himalaia

MODO DE FAZER

Colocar a baroa no processador para obter uma pasta.

Abrir um círculo numa folha de teflex de 2 mm e colocar no desidratador até que esteja bem crocante.

Bater no processador com a lâmina plana para transformar em farinha.

Adicionar o sal do Himalaia e acondicionar em vidro bem fechado. Pode ser armazenado por 30 dias.

Sugestão: Servir acompanhado de sua salada de rúcula preferida.

SUSHI DE GRÃO-DE-BICO

GERMINAÇÃO · LIQUEFAÇÃO · CRAFT

INGREDIENTES PARA DUAS UNIDADES

2 folhas de alga nori desidratada
150 g de grão-de-bico germinado
7 g de alho
2 g de sal marinho
70 g de broto de girassol
70 g de repolho-roxo picado
200 g de abacate
azeite extravirgem
limão
sal com ervas aromáticas

MODO DE FAZER

Bater o grão-de-bico com o sal e o alho até formar uma pasta lisa.

Temperar o repolho com limão e sal e espremer com as mãos para amaciar.

Colocar uma alga nori sobre uma esteira de bambu.

Espalhar a pasta de grão-de-bico.

Distribuir pedaços de abacate, uma camada de repolho e outra de broto de girassol.

Enrolar com ajuda da esteira e enfeitar com broto de girassol e repolho.

Regar com um fio de azeite e salpicar com um pouco de sal com ervas aromáticas.

Sugestão: Servir com salada verde de sua preferência.

TROUXINHA DE COUVE

GERMINAÇÃO · LIQUEFAÇÃO · REIDRATAÇÃO · CRAFT

INGREDIENTES PARA DUAS PORÇÕES

2 folhas de couve médias
80 g de couve picada sem os talos
60 g de tomate maduro cortado em fatias finas
30 g de aveia germinada
30 ml de azeite extravirgem
25 g de cebola cortada em fatias finas na vertical
25 g de ameixa seca cortada em fatias finas
10 g a 20 g de farinha de mandioca (depende da quantidade de líquido que se formar)
15 ml de suco de limão
2 g de sal marinho
cebolinha inteira
brotos de alfafa para decorar
kimchi (ver receita na p. 67) para decorar

MODO DE FAZER

Colocar a aveia para germinar dentro de uma tigela com água por seis horas. Lavar bem e deixar por mais quatro horas sobre uma peneira. Lavar bem.

Temperar as folhas de couve com limão e sal para que amoleçam. Picar a couve e misturar com a cebola e o tomate. Temperar com sal e limão e deixar marinar por uma hora.

Adicionar a farinha, a ameixa e a aveia germinada e misturar. Distribuir a mistura sobre as folhas de couve e fechar amarrando com a cebolinha.

Servir sobre uma camada de molho de tomate e decorar com brotos de alfafa e fios de cenouras fermentadas (kimchi, ver receita na p. 67).

MOLHO DE TOMATE

20 g de tomate seco
40 g de tomate fresco
7 ml de suco de limão
7 ml de molho de soja fermentado naturalmente (shoyu)
10 ml de azeite extravirgem
80 ml de água filtrada

MODO DE FAZER

Hidratar por uma hora o tomate seco na água filtrada.

Bater todos os ingredientes, inclusive a água em que os tomates ficaram de molho, e servir.

WRAP DE CENTEIO

GERMINAÇÃO · LIQUEFAÇÃO · REIDRATAÇÃO

INGREDIENTES PARA DUAS PORÇÕES

RECHEIO
100 g de sementes de centeio
40 g de cebola picada
40 g de tomate cortado em cubos
15 ml de suco de limão
15 ml de azeite extravirgem
4 g de coentro-do-maranhão* fresco
2 g de sal marinho
2 g de cominho com pimenta-do-reino

FINALIZAÇÃO
brotos de alfafa
cenouras cortadas em fios longos
fatias de abacate
folhas de alface americana

* Também conhecido como: coentro-de-caboclo; coentro-de-pasto; coentro-do-pará; coentrão.

MODO DE FAZER

Lavar as sementes de centeio três vezes e deixar de molho por oito horas em água filtrada. Lavar mais uma vez e deixar por mais oito horas sobre uma peneira em temperatura ambiente. Antes de usar, lavar.

Colocar todos os ingredientes do recheio no processador.

Arrumar as folhas de alface sobre uma esteira de bambu. Cortar o excesso das hastes para que a folha fique mais flexível ao ser enrolada. Espalhar o recheio e enrolar fazendo pressão para colar. Distribuir sobre as fatias de abacate.

Enfeitar com os brotos de alfafa e fios de cenoura.

BALAS DE MELANCIA

INGREDIENTES
1 melancia inteira

MODO DE FAZER
Descarcar a melancia e cortar em cubos.

Retirar as sementes e colocar sobre folhas de teflex para desidratar por 24 horas a 42 °C.

Dar a forma de bolinha e embalar uma a uma como um caramelo.

BANANA ROLL

INGREDIENTES PARA DUAS PORÇÕES
200 g de coco seco ralado
140 g de pasta de tâmara
70 g de passas brancas
25 ml de suco de limão
8 g de castanha-do-brasil ralada
4 bananas-d'água
15 ml de água
canela em pó

MODO DE FAZER
Abrir bem fina a pasta de tâmara com um rolo. Dividir a massa em duas porções.

Em uma tigela, misturar o coco ralado com duas bananas, o suco de limão, as passas, a água e canela a gosto. Espalhar essa mistura sobre as lâminas de massa. Colocar uma banana inteira sobre cada uma e enrolar.

Polvilhar com a castanha ralada.

BOLO DE BANANA

INGREDIENTES PARA UMA FÔRMA DE 22 CM X 22 CM X 4,5 CM

MASSA
400 g de banana
100 g de pasta de tâmara
2 sementes de cardamomo hidratadas

MODO DE FAZER
Bater no liquidificador todos os ingredientes.

Espalhar a massa sobre uma folha de teflex de 2 mm e colocar no desidratador por quatro horas a 42 °C ou até soltar da base e ficar fácil de manusear.

RECHEIO
1,2 kg de banana madura descascada (cerca de 1 dúzia)
35 g de passas brancas
35 g de passas pretas
15 ml de suco de limão
15 g de castanha-do-brasil picada
3,5 g de canela em pó
frutas secas
nozes
0,30 g de sal marinho

MODO DE FAZER
Colocar as passas para hidratar por duas horas.

Amassar metade da banana com as mãos, deixando alguns pedaços inteiros. Misturar as passas, a canela, o limão, o sal e as castanhas, formando um creme.

Cortar o resto das bananas em tiras.

Abrir a massa com um rolo e colocar sobre a fôrma de silicone, deixando as bordas para fora da fôrma.

Rechear com uma camada de creme de banana, uma de tiras de banana e outra de creme. Virar as bordas da massa por cima do recheio e desenformar.

Polvilhar com canela e decorar com frutas secas e nozes.

É recomendável fazer este bolo o mais perto possível da hora de servir para que o recheio não solte água.

Para hidratar frutas secas, basta lavar três vezes em água filtrada e gelada, escorrer e deixar que a umidade seja absorvida pela casca. Se ficarem de molho na água, perderão sais minerais, sabor, textura e aroma.

CARPACCIO CÍTRICO

INGREDIENTES PARA QUATRO A SEIS PORÇÕES

2 laranjas limas-da-pérsia
2 tangerinas
2 laranjas-baía
5 ml de mel
150 ml de água de coco
100 g de amêndoas hidratadas
100 g de abacate
10 ml de suco de limão-siciliano
1,5 ml de extrato de baunilha
folhas de hortelã picadas

MODO DE FAZER

Descascar as amêndoas. Descascar as tangerinas e as laranjas e cortar em rodelas de 3 mm. Retirar os caroços.

Bater no liquidificador o abacate, a água de coco, o mel, o suco de limão, a baunilha e as amêndoas germinadas (reservar algumas fatias para decorar) até formar um creme bem liso e fino. Se necessário, colocar mais água de coco.

Forrar os pratos com o creme de abacate.

Dispor as rodelas de laranja e tangerina sobre o creme, salpicar com raspas de limão, hortelã picada e fatias de amêndoas. Servir.

CREME DE MANGA COM COCO E CASTANHA--DE-CAJU

INGREDIENTES PARA SEIS PORÇÕES
1 kg de manga palmer
200 g de damasco seco
200 g de castanha-de-caju crua
200 ml de água de coco
200 ml de agave
rodelas de kiwi

MODO DE FAZER
Lavar o damasco em água filtrada e deixar de molho por cinco horas na água (com o mínimo possível).

Lavar bem as castanhas-de-caju e deixar de molho por duas horas na água de coco.

Bater no liquidificador a manga e o damasco. Em copinhos, distribuir rodelas de kiwi, e colocar por cima a mistura obtida da manga e do damasco.

Bater a castanha-de-caju com a água de coco e o agave e colocar por cima.

CUBOS DE CACAU

INGREDIENTES PARA 24 UNIDADES

200 g de nozes moídas grosseiramente
200 g de tâmara sem caroço hidratada
140 g de castanha-do-brasil moída grosseiramente
10 g de cacau em pó
0,35 g de sal
10 g de açúcar de coco
65 g de farinha de maçã (ver receita na p. 50)

MODO DE FAZER

Lavar bem as nozes e as castanhas, deixar de molho na água por algumas horas, escorrer, secar bem e picar de modo a formar uma farofa irregular. Misturar o cacau, o açúcar, a farinha de maçã e o sal. Bater no processador as tâmaras com o mínimo de água. Juntar tudo, amassando com as mãos.

Dar forma e cortar em cubos.

FONDUE DE FRUTAS

INGREDIENTES PARA 1 L DE CALDA

250 g de tâmara sem caroço
700 ml de água de coco
2 sementes de cardamomo sem casca
6 g de cacau em pó
30 g de abacate maduro
frutas a gosto

MODO DE FAZER

Colocar as tâmaras e os cardamomos de molho em uma parte da água de coco por duas horas.

Bater as tâmaras, os cardamomos, o cacau e o abacate e ir adicionando a água de coco até formar um creme liso e não muito espesso.

Cortar as frutas em quadrados de 2 a 3 cm para que sejam espetadas com garfinhos de fondue e mergulhadas no molho.

GALANTINE DE MAMÃO-FORMOSA

INGREDIENTES PARA DEZ PORÇÕES
1,5 kg de mamão-formosa maduro
50 g de damasco seco
8 g de folhas de manjericão
400 g de polpa de coco-verde
folhas de hortelã
granola

MODO DE FAZER
Descascar e cortar o mamão em cubos grandes.

Cortar as folhas de manjericão e os damascos em pedaços pequenos.

Salpicar os pedaços de damasco e o manjericão picados sobre os cubos de mamão e misturar. Distribuir o mamão cortado na fôrma de modo a preencher todos os espaços.

Colocar um peso sobre a galantine para que fique bem prensada e deixar na geladeira por 12 horas.

Desenformar sobre uma camada de polpa de coco-verde batida e decorar com algumas folhas de hortelã e granola.

GOIABINHA

INGREDIENTES PARA 50 UNIDADES

MASSA
250 g de pasta de tâmara
75 g de farinha de aveia germinada
1 pitada de sal

FARINHA DE AVEIA
Germinar o grão integral da aveia, colocar para desidratar até estar bem seca e bater no liquidificador para obter uma farinha média. Pode ser armazenada por um mês em vidros fechados hermeticamente.

MODO DE FAZER
Misturar a farinha de aveia com a pasta de tâmara e a pitada de sal para transformar em uma pasta lisa.

Moldar a massa em minifôrmas de empadinha. Colocar no desidratador por uma hora a 42 °C e depois desenformar.

RECHEIO
180 g de goiabas vermelhas bem maduras
70 g de passas brancas
20 sementes de coentro
passas pretas

MODO DE FAZER
Bater no liquidificador as goiabas e retirar as sementes passando por uma peneira de pano nº 2 (ver p. 23).

Bater no liquidificador as goiabas coadas e as passas até obter um creme bem liso. Distribuir em forminhas e colocar no desidratador a 42 °C até obter textura desejada. Deixar esfriar na geladeira.

MONTAGEM
Colocar dentro de cada forminha uma semente de coentro, uma colher de café da goiabada obtida e uma passa preta para decorar.

Colocar para desidratar a 42 °C por uma hora, apenas para ressecar a camada externa do doce.

MACARRONS

INGREDIENTES PARA 25 UNIDADES
250 ml de mel
125 g de tahine
100 g de coco seco ralado
75 g de castanha-do-brasil
70 g de passas brancas
65 g de amêndoas
30 ml de suco de limão
2 ml de extrato de baunilha
2 g de raspas de limão
0,35 g de sal marinho

MODO DE FAZER
Picar com uma faca ou um facão as castanhas-do-brasil, as passas brancas e as amêndoas para formar uma farofa grossa. Em uma tigela, misturar todos os ingredientes com as mãos. Formar bolinhas do tamanho de um brigadeiro grande e embalar uma a uma com papel-celofane.

NAVETTE COM FRUTAS

INGREDIENTES PARA SEIS PORÇÕES

100 g de aveia germinada e desidratada (p. 148)
150 g de castanha-de-caju hidratada e bem escorrida
0,35 g de sal marinho
60 ml de água filtrada e gelada
15 ml de mel

CREME

250 ml de água de coco
120 g de amêndoa hidratada sem casca
60 ml de mel ou agave
2,5 ml de extrato de baunilha

RECHEIO

220 g de manga sem fios
60 g de kiwi maduro
80 g de goiaba madura
20 g de passas picadas
folhas de manjericão

MODO DE FAZER

Misturar os ingredientes para as navettes até formar uma massa lisa.

Moldar as navettes e colocar no desidratador a 42 °C por quatro horas ou até que estejam bem secas.

Bater no processador os ingredientes para o creme até obter uma consistência bem lisa.

Descascar as frutas, retirar as sementes da goiaba e cortar em cubos.

Colocar uma porção do creme nos pratos, arrumar as frutas sobre as navettes e dispor sobre o creme. Salpicar com folhas de manjericão.

Gosto de ter sempre navettes guardadas em vidros bem fechados para poder fazer, a qualquer hora, uma tortinha deliciosa. Um creme de sementes, frutas frescas, frutas secas, folhinhas para enfeitar, et voilá!

PETIT GÂTEAU COM RECHEIO DE DAMASCO

INGREDIENTES PARA DUAS UNIDADES

MASSA

200 g de nozes moídas grosseiramente
200 g de tâmara hidratada e sem caroço
15 g de cacau em pó
3 ml de extrato de baunilha natural
0,30 g de sal
água

MODO DE FAZER

Lavar bem as nozes, deixar de molho na água por algumas horas, escorrer, secar bem e moer para obter uma farofa irregular.
Bater no processador a tâmara com o mínimo de água. Misturar todos os ingredientes com as mãos rapidamente para não soltar o óleo das nozes.

RECHEIO

80 g de damasco seco
½ xícara de água de coco
3 g de erva-doce

MODO DE FAZER

Deixar o damasco e a erva-doce de molho na água de coco por uma hora. Bater e deixar descansar por mais uma hora.

MONTAGEM

Forrar forminhas de silicone com 6 mm de massa (colocar a forminha de silicone dentro de uma de metal para facilitar). Rechear com o creme de damasco. Abrir a massa com 4 mm de espessura e fechar a borda das forminhas.

Colocar para gelar por quatro horas e desenformar com cuidado na hora de servir.

TORTA DE ABACAXI

INGREDIENTES PARA UMA MINITORTA

MASSA
70 g de castanha-do-brasil
70 g de passas brancas
35 g de abacaxi desidratado

MODO DE FAZER
Lavar o abacaxi em água filtrada e deixar hidratar por uma hora (apenas molhado). Com um facão, picar as castanhas-do-brasil e as passas. Misturar bem. Picar o abacaxi e misturar, sem esmagar. Forrar a forminha com a massa da torta.

RECHEIO
100 g de manga sem fios
1 fatia de abacaxi fresco
20 g de damasco seco
1 framboesa
canela em pó para polvilhar

MODO DE FAZER
Bater a manga com o damasco e rechear a torta.

Fatiar o abacaxi fresco e dispor sobre o creme de manga.

Decorar com a framboesa e polvilhar com canela.

A mistura de frutas frescas com frutas secas tem resultados surpreendentes. O açúcar concentrado das frutas secas dá à mistura uma textura semelhante à dos doces que são levados ao fogo para reduzir líquido e concentrar açúcar.

154

TORTA DE COCO

INGREDIENTES PARA DUAS PORÇÕES

MASSA

150 g de castanha-do-brasil grosseiramente moída
150 g de pasta de tâmara
15 ml de agave orgânico
6 g de cacau em pó orgânico
2,5 ml de extrato de baunilha
0,30 g de sal marinho

MODO DE FAZER

Misturar os ingredientes da massa e enformar.

RECHEIO

200 g de coco fresco
40 g de maçãs desidratadas
15 ml de agave
15 ml de suco de limão
1 ameixa seca sem caroço
raspas de coco

MODO DE FAZER

Bater no miniprocessador os ingredientes do recheio sem as raspas de limão e a ameixa. Lavar a ameixa e deixá-la úmida por 30 minutos antes de usá-la.

MONTAGEM

Rechear a torta e decorar com raspas de coco e a ameixa.

TORTA DE FIGO COM COCO

INGREDIENTES PARA DUAS PORÇÕES

MASSA
200 g de figo seco hidratado
24 g de castanha-do-brasil

MODO DE FAZER
Lavar bem os figos secos e deixar hidratar por uma noite na geladeira, com o mínimo de água. Jogar a água fora e deixar o figo úmido.
Com uma faca grande, picar o figo e a castanha e misturar.

RECHEIO
400 ml de água de coco
200 g de pera seca hidratada
120 g de coco fresco ralado e espremido para retirar o excesso do líquido
4 g de raspas de limão-siciliano
4 g de erva-doce hidratada
30 g de passas brancas
amendoim ou amêndoa sem casca

MODO DE FAZER
Bater a pera com a água de coco no miniprocessador. Dividir o líquido em duas partes. Em uma, misturar o coco fresco ralado.

Na outra, para fazer o recheio, adicionar as passas brancas, as raspas de limão e a erva-doce, em seguida bater no liquidificador.

MONTAGEM
Num aro de torta, colocar uma camada da massa, uma de recheio e cobrir com outra camada de massa. Decorar com amendoim ou amêndoa sem casca. Usar o creme de coco para desenhar sobre o prato.

TORTA DE MORANGO

INGREDIENTES PARA QUATRO PORÇÕES

MASSA

350 g de noz moída grosseiramente
150 g de tâmara sem caroço hidratada
50 g de farinha de maçã (ver receita na p. 50)
8 g de cacau em pó
10 g de açúcar de coco
0,35 g de sal
água

MODO DE FAZER

Lavar bem as nozes, deixar de molho por duas horas, escorrer, secar bem e picar de modo a formar uma farofa irregular.

Misturar o cacau e o sal.

Bater no processador a tâmara com o mínimo de água.

Em uma tigela, misturar todos os ingredientes com as mãos.

Abrir as quatro bases para as tortinhas.

Esta receita é ótima para um lanche no meio de uma tarde de verão. Pode também servir como base para outras criações: no lugar do morango e do abacaxi, pode-se usar qualquer outra mistura de frutas cítricas, como tangerina, mamão, kiwi, goiaba etc.

RECHEIO

250 g de morango
220 g de manga sem fios
160 g de abacaxi bem maduro
100 g de coco fresco ralado
50 g de damasco seco hidratado
folhas de hortelã

MODO DE FAZER

Reservar quatro morangos para fatiar e decorar. Com uma faca, picar, sem esmagar, os morangos restantes e o abacaxi. Misturar ao creme de coco com cuidado para preservar os pedaços de frutas.

» CREME DE COCO

100 g de coco fresco ralado
100 g de passas brancas
50 g de castanha-do-brasil
2 ml de extrato de baunilha

MODO DE FAZER

Bater todos os ingredientes no processador até obter um creme.

CREME DE DAMASCO

200 g de manga sem fios
40 g de damasco seco

MODO DE FAZER

Bater os ingredientes no processador até obter um creme liso. Se precisar engrossar, acrescente mais damasco.

MONTAGEM

Desenhar sobre o prato com o creme de damasco.

Dispor a mistura do creme de coco com as frutas por cima das bases de massa.

Decorar a tortinha com os morangos e colocar no prato sobre o creme de damasco.

TORTA DE UVA

INGREDIENTES PARA QUATRO PORÇÕES

MASSA

200 g de noz moída grosseiramente
200 g de tâmara sem caroço hidratada
15 g de alfarroba ou cacau em pó
0,35 g de sal
uva sem sementes

MODO DE FAZER

Lavar bem as nozes, deixar de molho por algumas horas, escorrer, secar bem e moer para obter uma farofa irregular. Misturar a alfarroba e o sal. Bater as tâmaras no processador com o mínimo de água. Misturar todos os ingredientes com as mãos e forrar as fôrmas.

CREME DE COCO

100 g de polpa de coco-verde
200 g de coco ralado seco
70 g de passas brancas hidratadas

MODO DE FAZER

Bater no miniprocessador todos os ingredientes até obter um creme.

MONTAGEM

Colocar uma camada do creme por cima da massa.
　Cortar a uva em rodelas e decorar as tortinhas.

COMBINAÇÕES E DICAS PARA CARDÁPIOS

A gastronomia vegetariana e crua é uma novidade. Mesmo que nossos ancestrais já tenham vivido muitos períodos de nossa história como vegetarianos e crudívoros, a tradição que norteia nossa gastronomia contemporânea colocou os vegetais num patamar inferior ao que designou para as carnes de animais. Estas, por serem muito mais caras e difíceis de produzir, tornaram-se produto de consumo para poucos e símbolo de riqueza e poder. Já os vegetais crus, com raras exceções, ocuparam um lugar bem menos glamuroso nesse cenário. Entraram para a história como alimentos próprios para acompanhar as criações com as mais variadas espécies de carne animal e raramente aparecem como pratos principais.

Uma boa refeição vegetariana e crua é a que oferece sustância com variedade. Sementes germinadas, brotos, raízes, flores, folhas, nozes, frutos, fermentados e desidratados podem ser distribuídos harmoniosamente entre a entrada, o prato principal e a sobremesa, ou mesmo na forma de prato único.

O importante é pensar o cardápio para que, ao final da refeição, a forma, as cores, os aromas, os sabores, as texturas e a quantidade de cada porção surpreendam pela harmonia.

Montar um cardápio com entrada, prato principal e sobremesa composto apenas de vegetais crus é um desafio para qualquer um. Mas é possível! Os vegetais são coloridos, saborosos e diversos, permitem combinações infinitas e apresentam um universo a ser desvelado. Depois de tanto tempo como coadjuvantes, chegou a hora de eles ocuparem o lugar de atores principais.

Cada etapa precisa de uma atenção especial para que não se repitam ingredientes. Por exemplo: se uma entrada tem o limão como uma informação importante, não se deve usá-lo novamente no prato principal. Se o segundo prato é um croquete de girassol, é melhor não incluir o girassol nem na entrada nem na sobremesa, e assim por diante.

As sobremesas cruas com frutas, nozes, sementes, frutas secas, leites de sementes e condimentos não deixam nada a desejar se comparadas às tradicionais. Além disso, não contêm gordura animal, ovos, leite, açúcar refinado, nem aditivos químicos, e são maravilhosas. Sinto em meu corpo que seria bem mais interessante se fossem consumidas algumas horas depois da refeição principal, que normalmente é salgada. Mas, como toda tradição tem sua força, ainda vamos levar muito tempo para separar essas etapas.

As sobremesas, quando fazem parte de um cardápio, também seguem a regra básica da combinação acima: variar sempre os ingredientes para obter sabores, formas, texturas e aromas diferentes dos usados na entrada e no prato principal.

Sempre me perguntam sobre a melhor maneira de combinar os alimentos vegetais e crus. Algumas pessoas desejam emagrecer, outras procuram uma maneira de melhorar seu processo digestivo e facilitar a absorção dos nutrientes. A pergunta é sempre a mesma: como combinar alimentos para alcançar meu objetivo com eficiência?

Se o caso é resgatar a saúde, o melhor é consultar um médico. Se for para emagrecer, conversar com uma nutricionista pode ser interessante. Se quiser melhorar a performance como atleta, existem pessoas especializadas para responder a todas as perguntas.

Quando decidi fazer dos vegetais crus a base de minha alimentação, encontrei na orientação da doutora Ann Wigmore (criadora do primeiro centro de saúde holística, em Massachusetts, em 1963) não apenas uma combinação de alimentos que me caiu como uma luva, como também uma filosofia que não via a alimentação vegetariana e crua como uma dieta, e sim como um estilo de vida que ela nomeou de *Living Foods Lifestyle* (©Ann Wigmore Natural Health Institute/Porto Rico) (LIVING..., 2012). O alimento é a fonte de energia que fortalece nosso corpo, nossa mente e nosso espírito e precisa nos trazer saúde, não a prejudicar.

Usei a combinação abaixo para criar minhas receitas nos últimos 15 anos:

FRUTAS DOCES
figo
frutas secas
banana
jaca
fruta-do-conde
caqui

VERDURAS
pepino
abobrinha
espinafre
pimentões
germinados
brócolis
folhas verdes em geral

VEGETAIS EREMITAS
melão
melancia

FRUTAS ÁCIDAS
ameixa
abacaxi
morango
laranja
tangerina
frutas vermelhas
uva
pêssego
damasco
manga

AMIDOS DENSOS
batata
grãos
ervilha
feijões
abóbora
milho

FRUTAS NEUTRAS
pera
mamão
maçã
passas
abacate
coco

AMIDOS LEVES
vegetais fermentados
couve-flor
beterraba
repolho
raízes
tomate

PROTEÍNAS DENSAS
abacate
coco
sementes

Nessas combinações, por exemplo, as frutas ácidas se harmonizam, mas, quando faço um suco de abacaxi com morango, ambos frutas ácidas, tenho afta. Posso misturar abacaxi com acerola, caju, laranja… e não tenho nada. Para mim, a combinação de abacaxi com morango não funciona. Levei algum tempo para entender isso. Por acreditar que as regras tinham de ser seguidas do jeito que eram, sempre achei que a afta tinha alguma outra origem, mas, insistindo nessa mistura de que gostava, acabei percebendo seus efeitos com clareza, por isso a evito.

COMBINAM
Proteínas densas + verduras
Verduras + amidos leves
Amidos leves + proteínas densas
Frutas ácidas + frutas neutras
Frutas doces + frutas neutras

COMBINAÇÕES FRACAS
Frutas ácidas + frutas doces

NÃO COMBINAM
Proteínas densas + amidos densos

Durante todo esse tempo, fiz pouquíssimas mudanças nessas combinações. Mas acredito que combinar alimentos é uma arte pessoal e, por isso, pode ser tão subjetiva quanto combinar cores, flores ou pessoas. De um lado, temos alimentos que possuem naturezas bem diferentes: alguns são ácidos, outros alcalinos. Alguns são carregados de amidos, outros de gorduras, uns têm predominância de açúcares, outros são salgados, amargos ou picantes… De outro lado, estão as pessoas com diferentes idades, desejos, memórias afetivas e crenças ligadas aos alimentos.

Para mim, não existe uma regra fixa. O mais importante é a auto-observação contínua para perceber o que é bom e o que funciona para cada um de nós.

Se, após uma refeição, você sai leve e cheio de energia, o caminho parece certo. Se sair pesado, com gases e precisando de um cantinho para tirar um cochilo, é melhor rever o que ingeriu e desarmonizou seu sistema digestivo.

Com o tempo, cada um pode criar suas próprias combinações de acordo com suas particularidades.

Selecionei algumas receitas do livro para dar exemplos de cardápios.

OPÇÃO 1

ENTRADA
sopa de abóbora-japonesa

PRATO PRINCIPAL
guacamole sobre rodelas de abobrinha crua

SOBREMESA
torta de figo com coco

OPÇÃO 2

ENTRADA
bobó de abóbora com rúcula baby

PRATO PRINCIPAL
trouxinha de couve

SOBREMESA
navette com frutas

OPÇÃO 3

ENTRADA
salada de agrião com molho oriental

PRATO PRINCIPAL
lasanha com girassol crocante

SOBREMESA
creme de manga com coco e castanha-de-caju

OPÇÃO 4

ENTRADA
sopa de tomate

PRATO PRINCIPAL
croquete de girassol com salada verde e berinjela fermentada

SOBREMESA
fondue de frutas

OPÇÃO 5

ENTRADA
salada de agrião com molho oriental

PRATO PRINCIPAL
wrap de centeio com madeleine de amêndoa com alho-poró

SOBREMESA
torta de abacaxi

Lista de receitas

AQUECIDOS

Bobó de abóbora 47
Lasanha com girassol crocante 49
Nuggets de amêndoa 51
Tortinha de abóbora-japonesa 52
Tortinha de tomate-cereja 53

DESIDRATADOS

Cracker de abóbora 55
Cracker de lentilha 56
Cracker de linhaça 57
Crock de trigo-sarraceno 58
Croquete de girassol e
   gergelim-preto 59
Forminha de centeio 62
Granola 63

Madeleine de amêndoa com
   alho-poró 64
Massa para empadinha 64
Palha de batata-baroa com curry ... 65

FERMENTADOS

Kimchi 67
Berinjela fermentada 69
Queijo cremoso de amendoim
   com alecrim 70
Queijo de girassol 71
Rejuvelac de repolho 72
Repolho fermentado (chucrute) ... 73
Ricota de amêndoa com alho-poró ... 75
Tabule fermentado de
   repolho-roxo 76

167

LIQUEFEITOS

MOLHOS
Maionese de assa-fétida 79
Maionese verde 79
Molho de iogurte 80
Molho de tomate seco 80
Molho de pimentão-vermelho 81

PASTAS
Chutney de ameixa 82
Chutney de beterraba 83
Chutney de damasco 84
Guacamole 86
Hommus 88
Pasta de abóbora 88
Pasta de sementes de girassol 89

SOPAS
Gaspacho branco 90
Grama de trigo, sálvia e maçã 91
Sopa de abóbora-japonesa 92
Sopa de aipo 94
Sopa de aspargos 94
Sopa de beterraba 95
Sopa de couve-flor com cebola
 balsâmica 97
Sopa com lima-da-pérsia, passas
 e rúcula 98
Sopa de tomate 99

SUCOS
Leite de amêndoa com passas 102
Leite de castanha-do-brasil 103
Néctar de abacaxi com girassol 104
Shake de banana 104
Shake de manga 105
Suco de beterraba e linhaça 106
Suco de clorofila com abacate 107
Suco de clorofila com gengibre 107
Suco de repolho-roxo 108
Suco verde 108
Suco de abóbora com girassol 110
Vitamina de mamão com
 manjericão 110

PROCESSOS MISTOS
Abobrinha ao sugo com sementes
 de girassol 113
Canelone de feno-grego 114
Cuscuz de abóbora 115
Kone 117
Mix selvagem 118
Ravióli de berinjela 120
Rissole de castanha-de-caju 121
Rolê de berinjela com centeio
 e brócolis 123
Salada cocrese 126
Salada de agrião com molho
 oriental 127
Salada flor 129
Salada mix de beterraba 130

Sushi de grão-de-bico 131
Trouxinha de couve 132
Wrap de centeio 134

DOCES

Balas de melancia 137
Banana roll 137
Bolo de banana 138
Carpaccio cítrico 139
Creme de manga com coco e
   castanha-de-caju 143
Cubos de cacau 145
Fondue de frutas 145
Galantine de mamão-formosa 146
Goiabinha 148
Macarrons 149
Navette com frutas 150
Petit gâteau com recheio de
   damasco 151
Torta de abacaxi 154
Torta de coco 155
Torta de figo com coco 156
Torta de morango 157
Torta de uva 159

AGRADECIMENTOS

À minha mãe, que sempre me ouviu e fez que eu me sentisse coerente.

Ao meu pai, que me apoiou e abençoou, mesmo achando que o liquidificador não é o melhor lugar para juntar arte, ciência, filosofia e religião.

Ao meu mestre, Leo Imamura, por me inspirar e facilitar o "caminhar sobre meus próprios pés".

À minha Si Mo, minha mãe kung fu, Vanise Almeida, pelo incentivo e o carinho com que acompanhou a execução deste livro.

A Iolanda Silva, com quem aprendi o significado da palavra compaixão.

A Ana Branco, por me mostrar este caminho.

A Jean Paul Rességuier, que me ensinou a sentir e a viver com mais profundidade.

A Lucileia Almeida, meu braço direito, que vibrou e me acompanhou a cada parágrafo.

Aos meus irmãos e amigos, que compartilham comigo suas vidas, inspirando-me nesta jornada.

Às minhas tias Zelita, Lúcia, Wanda, Maria, Helena, Cecília e Celina, que me ensinaram a dar risada.

Às fadas, aos anjos e às bruxas que me rodeiam desde que nasci e me ensinam a viver.

A meus queridos Sylvia, Marcelo, Luiz Eduardo e Antônia, para quem escrevi com muito amor.

A todas as pessoas que procuram uma forma de viver mais saudável para si e para Gaia.

Referências

ASSIS, Daniel Francisco de. **Suco vivo**. São Paulo: Alaúde, 2009.

AUBERT, Claude. **Les aliments fermentés tradicionnels**. Paris: Terre Vivante, 1996.

BIRCHER, Ralph (Ed.). **Dr. Bircher-Benner's way to positive health and vitality**. Zurich: Bircher-Benner's Institute, 1976.

BLAUER, Stephen. **O livro dos sucos**. Rio de Janeiro: Record, 1989.

BONTEMPO, Márcio. **Alimentação para um novo mundo**. Rio de Janeiro: Record, 2003.

BRASIL FOOD TRENDS 2020. São Paulo: Federação das Indústrias do Estado de São Paulo — Departamento do Agronegócio (FIESP/DEAGRO); Instituto de Tecnologia de Alimentos – Ital. 2010. Disponível em: <http://www.brasilfoodtrends.com.br/brasil_food_trends/files/publication.pdf>. Acesso em: abr. 2015.

CALBOM, Cherie; KEANE, Maureen. **Sucos para a vida**. São Paulo: Ática, 1997.

CLEMENT, Brian R. **Living foods for optimum health**. Rocklin: Prima Publ., 1996.

COUSENS, Gabriel. **A dieta do arco-íris**. Rio de Janeiro: Record, 1995.

GLÖCKLER, Michaela. **Salutogênese**. Assis, SP: Triunfal, 2003.

GONZALEZ, Alberto Peribanez. **Lugar de médico é na cozinha**. São Paulo: Alaúde, 2009.

GUATTARI, Félix. **As três ecologias**. Campinas: Papirus, 2009.

IAMAMURA, Ysao. **Alimentos**: aspectos energéticos. São Paulo: Triom, 2001.

LIVING foods lifestyle: why living foods? Rincón: Ann Wigmore Natural Health Institute, [2012]. Disponível em: <http://www.annwigmore.org/living_foods.html>. Acesso em: 27 abr. 2015.

MATURANA, Humberto; VARELA, Francisco. **A árvore do conhecimento**. Campinas: Editorial Psy II, 1995.

MEYEROWITZ, Steve. **Sprouts, the miracle food**: the complete guide to sprouting. Great Barrington: Sproutman Publications, 1997.

POLLAND, Michael. **O dilema do onívoro**. Rio de Janeiro: Intrínseca, 2007.

SOLEIL, Dr. **Você sabe se alimentar?** São Paulo: Paulus, 1992.

SOLEIL, Dr. **Você sabe se desintoxicar?** São Paulo: Paulus, 1993.

TRUCOM, Conceição. **De bem com a natureza**. São Paulo: Alaúde, 2012.

WIGMORE, Ann. **Energia vital**: o poder de cura que existe em você. São Paulo: Gaia, 1994.

WIGMORE, Ann. **The hippocrates diet**. [S.l.]: Avery, 1984.

WIGMORE, Ann. **The sprouting book**. [S.l.]: Avery, 1985.

WIGMORE, Ann. **The wheathgrass book**. [S.l.]: Penguin, 1985

WILBER, Ken. **A união da alma e dos sentidos**. São Paulo: Cultrix, 2006.

Este livro foi composto nas fontes
Nofret e MB Noir. Sua impressão e
acabamento foram realizados sobre
papel couchê 120g/m² no miolo e
Triplex 300g/m² na capa.